問題解決力を高める「推論」の技術

ビジネスの未来を
読み解くための
3つのシンプル思考

羽田康祐
k_bird

フォレスト出版

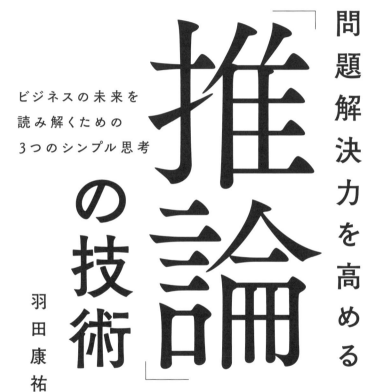

まえがき

「正解」から「可能性」へ

◆ＶＵＣＡの時代に必要な「推論力」

本書を手に取ったあなたなら、何らかの理由で「問題解決力を高めたい」あるいは「推論力を身につける方法が知りたい」と考えていることだろう。

21世紀に入ってから約20年の月日が流れ、多くの市場は成熟化し、簡単には利益を上げにくい状況だ。人々のライフスタイルは多様化し、商品やサービスのライフサイクルは年々短縮化している。インターネットの浸透によってあらゆる商品・サービスはスペックと価格で同列比較され、価格下落の圧力は深刻さを増している。

さらに追い打ちをかけるように、世の中にはビッグデータがあふれ、デジタル技術やＩｏＴ（モノのインターネット）は加速度的に進化している。多くの企業・ビジネスパーソンは、これまでに経験したことのない未曽有《みぞう》の変化に晒《さら》されている。

現在は、Volatility（変動性）、Uncertainty（不確実性）、Complexity（複雑性）、Ambiguity

（曖昧性《あいまいせい》）を略して「ＶＵＣＡの時代」といわれるように、「企業の行く末」はもちろん「組織の在り方」「あなた自身のキャリア」……、一寸先の未来すら読みにくい時代だ。

こうした時代には「今、目の前に見えるもの」から物事を考えるのではなく、「その背景には何があって」「どのような法則が働いて」「どのような未来になりうるのか？」を見抜く必要が生じてくる。

そうである以上、今あなたに必要なのは、不確実性の高い環境変化を読み解いた上で確実性の高い結論を生み出す「推論力」だ。そして、推論力を元にＰＤＣＡを愚直に回すことによって初めて、さまざまな問題を解決できるようになる。

筆者はこれまで、外資系コンサルティングファームと広告代理店でキャリアを積んできたが、その経験からも、これからの時代に必要な能力は左脳と右脳を自由自在に駆使しながら、未来の可能性を見いだす「推論力」であると断言できる。

◆「正解」から「推論」へ

かつて筆者は「この世の中には、どこかに正解があるはず」と信じて疑わなかった時期がある。

- この世界には、どこかに「絶対的な正解」があるはずだ……。

・物事には正解があり、自分は単に「正解」を知らないだけ……。
・「正解」を知りさえすれば、自分はもっとできるのに……。

当時思い描いていた「正解がある世界」で重要だったのは「自分が正解を知っているかどうか」であり、「正解を知らないこと」は「恥ずかしいこと」とイコールになる。

このようなメンタルモデルが回りだすと「正解」はおのずと「探すもの」「与えられるもの」になっていき、問題に対する態度は受け身なものになっていく。その結果、何かわからないことがあると、すぐにインターネットで検索し始めたり、詳しい人を捕まえて話を聞いたり、ひたすら本を読んで知識を学ぶという行動に出るようになる。

しかし、そこに「正解」などあるはずもなく「情報」や「知識」が断片的に散在しているだけだ。やがて、情報や知識の裏側にある「見えない前提」や「関連性」、あるいは「法則」に気づきにくくなり、自分の頭で考えることをしなくなる。結果、常に周囲の顔色を窺《うかが》い、主体性を失っていく……。

人は、主体性を失うと自信と誇りを失っていく。なぜなら主体性がないということは、自分の人生を他人任せにすることであり、自分の人生を放棄することと等しいからだ。

そんな筆者に転機が訪れたのは「この世の中に、教科書や百科事典のような正解は存在しない」という当たり前の事実に気がついたときだ。

社会も、ビジネスも、そしてこれを読んでいるあなたも、常に未来に向けて進んでいる。そして、未来を正確に予言できる人間など存在しない以上、この世の中には「絶対的な正解」など存在しない。あるのは未来に向けたさまざまな「可能性」だけであり、その「可能性」は能動的なアクションを通して変えたり、つくったりしていけるものだ。

未来とは、万人にとって「未知のもの」である以上、「正解」や「不正解」という概念自体が存在せず、自らの推論力と実行力で切り拓《ひら》いていけるものだ。

「正解」を探し続けるメンタルモデルは「本来、ないはずのもの」を追いかけることになる。その結果、常に「自分は正解に至っていない」という自己否定の感情を生み、その感情が、自分に対する自信を削り取っていく。

しかし、もしあなたが「正解がある世界」の幻想から解き放たれ、未知のものに対する「推論力」を身につけることができれば、問題解決はもちろん、自分自身の在り方自体も変えていくことができる。ないはずの「正解」から逸脱することを恐れ、何も行動しない自分を変えることができる。

その先にあるのは、環境の変化からさまざまな可能性を見いだし、適切な推論を立て、能動的に問題解決をしていこうとする自分だ。

◆「根性論」から「方法論」へ

筆者がこれまで身を置いてきたコンサルティング業界や広告業界は「決まった売り物」が存在しない。そのため「推論力」を総動員して論理や発想を導き出し、常に高いレベルの問題解決策を提供し続けなければ報酬を得られない。つまり、一人一人が「なるべく早く」「なるべく高いレベルで」推論力を鍛えることが生命線となるビジネスだ。

こう書いてしまうと、あなたは「推論力と言われても、自分には敷居が高い」と感じるかもしれない。しかし、コンサルティング業界と広告業界の両方の業界に身を置いた者として、「実はそうではない」と断言できる。なぜなら推論力とは「根性論」ではなく「方法論」で身につけていけるものだからだ。

推論力は「頭の良し悪し」という能力の問題ではなく、「頭の使い方の上手《うま》い下手《へた》」という「方法論」の問題だ。そして推論力が方法論の問題である以上、そこには再現性が存在する。つまり「頭の使い方」や「その手順」を理解し、地道に習慣化すれば「誰でも」「頭の良し悪しとは関係なく」身につけることが可能だ。

重要なことなので繰り返すが、この世の中のどこかに「正解がある」と考えるのは幻想にすぎない。今、あなたの目の前にあるのは、多くの「可能性」だけだ。巷《ちまた》にあふれる「正解」とされる知識は、過去の先人たちが生み出した「知恵」ではあるが、あなたから見れば「単なる先人からの借り物」に過ぎない。しかし、もしあなたが「推論力」を身につけることができれば「先人からの借り物」を「未来に向けた知恵」に変えていくことができる。

◆本書の構成

本書は、これまで筆者がコンサルティングファーム及び広告代理店で学んだ「推論力」について、理論だけでなく「頭の使い方の手順」や「実践の勘所」、あるいは「ビジネスへの活かし方」も含めて解説する書籍だ。

第一章では、本書における「推論力とは何か？」を定義し、推論力を身につけるべき5つの理由について解説する。この章をお読みになれば「推論力」はビジネスパーソンに必須となるさまざまなスキルの「中核」に存在し、かつ、これからの時代に求められる希少性の高いスキルであることがご理解いただけるはずだ。

第二章では「優れた洞察を生み出す推論法」である帰納法《きのうほう》について解説する。帰納法といえばロジカルシンキングを学ぶ上で必須の論理展開とされるが、巷の解説の多くは「論理展開の方法」にしか触れられていない。しかし、真の意味で帰納法をマスターするなら「論理展開の方法」だけでなく、「頭の使い方の手順」や「どのような局面で実務に活かせるのか？」を理解し、習慣化することが極めて重要になる。

よって本書では「帰納法の頭の使い方」を丁寧にひもとく。また、帰納法の限界を逆手にとって応用することで、これまでの常識とは異なる新しい可能性を見いだす方法についても解説する。

第三章では「予測と検証を可能にする推論法」である演繹法《えんえきほう》について解説する。演繹法は極めて厳密性の高い推論法であるため、「ビジネスでは扱いにくい」と評価されることが多い。しかしそれは誤解であり、演繹法を別の視点で捉えれば、ビジネスでの活用局面は大きく広がる。

よって、本書では演繹法の「頭の使い方の手順」を解説しつつも、さまざまな事例を用いて「ビジネスに活用しやすい5つの方法」について解説する。

また、あなたは演繹法といえば「ガチガチの三段論法」という印象を受けるかもしれないが、頭の使い方を工夫することで「常識を覆す発想」を生み出すことも可能になる。その方法論についても解説する。

第四章では「仮説を生み出す推論法」であるアブダクションについて解説する。アブダクションは、近年脚光を浴びつつある推論法であり「仮説思考」には欠かせない推論法だ。また、あなたの成長を加速させる「入口」ともなりうる推論法でもある。

よって、こちらも「頭の使い方の手順」や「ビジネスへの活かし方」について丁寧にひもとこう。

第五章では「成果を倍増させる推論力の合わせ技」について解説する。

本書を手に取った方ならおわかりだと思うが、推論力は、ビジネスに活かせなければ成果はゼロだ。そして、ビジネスに活かすためには「個々の推論法の頭の使い方を知る」だけでなく「組み合わせて運用する頭の使い方」も試される。

よって、第五章ではビジネスの現場で「帰納法」「演繹法」「アブダクション」の合わせ技を使い倒す方法について解説する。

もし、本書を最後までお読みいただき「帰納法」「演繹法」「アブダクション」を日々の習慣にすることができれば、あなたは「推論力」という武器を手に入れ、自分に自信を持ち、新たな可能性を切り拓いていくことができるようになるはずだ。

問題解決力を高める「推論」の技術　もくじ

第二章 「優れた洞察」を生み出す推論法　帰納法

第三章 「予測と検証」を可能にする推論法 演繹法

第四章 「仮説」を生み出す推論法 アブダクション

装丁◆小口翔平＋三沢稜（tobufune）　図版作成◆富永三紗子　本文デザイン・DTP◆フォレスト出版編集部

第1章

可能性を広げる推論力

今後希少性が高まるスキル

01

推論力とは何か？

困難に直面したときに必要なのが推論

ビジネスは、困難の繰り返しといっても過言ではない。あなたは日々の仕事の中で、次のような場面に直面したことはないだろうか？

- 「何かを考えなきゃいけないことは、わかってる。でも、何をどう考えていいかがわからない」
- 「分析せよ、と指示されたが、浅い分析しかできない」
- 「伝えたいと思っていることが伝わらない」
- 「つい仕事が締め切りギリギリになってしまう」
- 「なかなか自分の提案が通らない」

「何をどう考えていいかがわからない」という状態は、未知の出来事に出くわして、思わず「頭が固まる」という状態だ。別の言い方をすれば、未知の出来事に対する「推論」が働かず、思考停止になってしまう状態ともいえる。

また「浅い分析しかできない」という状態も、物事の奥深くにある関係性や力学に対して、適切な推論が働かない状態だ。

また「伝えたいことが伝わらない」のは「相手は何を聞きたがっているのか?」に対して適切な推論が働かないときに起こる。求められていない話を必死にしても、伝わらないのは自明の理だ。「いつも仕事がギリギリになる」という状態も、早い段階で「きっとこうなるだろう」という推論が働かず、先手を打って行動できなかったときに生じやすい現象だ。「提案が通らない」という状態も大本を辿れば「相手の期待に対する推論の甘さ」に行き着くことが多い。

ビジネスの現場では、大なり小なりさまざまな困難に直面する。しかしこれらを生じさせている原因を見抜いたり、解決に向けた仮説を考えることができなければ、ビジネスを前に進めることはできない。そして、問題の原因を見抜いたり、仮説を考えたりする際に必須となるのが「推論力」だ。

本書では「推論力」を次のように定義している。

推論力＝未知の事柄に対して筋道を立てて推測し、論理的に妥当な結論を導き出す力

さまざまな問題の原因を見抜くためには「なぜ問題が生じたのか？」という「見えない原因」に対する推論力が求められる。また、仮説を考える際にも「見えない未来」に対する適切な推論が必要不可欠だ。

このように「推論力」はビジネスに必須となる能力だが、その重要性をより深く理解するために、まずは「なぜビジネスに推論力が必要なのか？」「推論力は何に役立つのか？」について詳しく解説していこう。

◆推論と仮説について

一般に推論のプロセスは、①事実を認識する→②問題意識を持つ→③推論する→④仮説を導きだす→⑤仮説を検証する→⑥結論を出す、という6つのステップを辿る。

本来、推論から得られるさまざまな「答え」は、検証を経ない限り「仮説」にすぎないが、ビジネスの実務上は「ミーティングの局面」や「提案の局面」など、検証を経る前の仮説を「一定の結論」として扱うことも多いため、本書では文脈に応じて「仮説」と「結論」を使い分けることにしよう。

02

なぜビジネスに推論力が必要なのか？

ビジネス思考力の要となる　推論力①

仮に、あなたが企業の商品開発担当者だったとしよう。上司から「売れる新商品を企画してほしい」と依頼されたら、あなたはまず何を考えるだろうか？

もしあなたが優れた商品開発担当者なら、手始めに外部環境を分析しようとするはずだ。なぜなら、世の中に存在するあらゆる商品やサービスは、政治・経済・社会・テクノロジーといった世の中の動向に影響を受けるからだ。これらの動向は「世の中全体を動かす大きな機運」であるために、一企業の努力だけで流れを変えることは難しい。

だとすれば、

- 世の中の大きな機運を「前提」として捉え、
- その機運はどのような変化を生み出すかを「推測」し、

・その推測を元に「結論（商品コンセプトや仕様）」を生み出す。

という手順が必要になるはずだ。

このように、多くのビジネス活動は、まずは動かせない周辺環境を「前提」に置き、その前提を元に「推論」を働かせ、その推論を元に「結論」を生み出すというプロセスで成り立っている。

もし、あなたに「前提を置くスキル」がなければ、物事を考える取っ掛かりさえ掴《つか》めず、「そもそも、何を考えていいのかすらわからない」という状態に陥る。さらに「推論を働かせるスキル」がなければ「どう考えていいかがわからない」という状態になる。その結果「何を、どう考えていいかわからない」という思考停止状態に陥り、有益な結論を生み出すことは難しくなる。

こうして考えれば、「前提」から「結論」へとつなぐ「推論力」は、ビジネス思考の中核的な能力であることがご理解いただけるはずだ。

分析力の向上に欠かせない　推論力②

分析とは、物事の特徴を正しく捉えた上で、それぞれの物事の間にある「関係性」を見抜くことだ。分析手法の種類はどうあれ、どの分析にも共通していえるのは、世の中に存在する多くの物事はさまざまな要素が複雑に絡み合っており、ただ漠然と全体を捉えただけでは有益な示唆は得にくいという問題意識だ。

複雑に入り乱れた物事を正確に捉えるには、ただ全体を捉えるだけでは不十分であり、「個々の中身を吟味し」「それぞれの関係性がどうなっているのか?」まで深掘りしていく必要がある。

誤解を恐れずにいえば、この世の中にあるあらゆる物事は「事実」と「その関係性」で成り立っている。「事実」は目に見えるものなので捉えやすいが、「関係性」は目に見えないものである以上、「推論」でしか捉えることができない。そして、もしあなたが「目に見えない関係性」を推論で捉えることができなければ「分析が甘い」という状態に陥る。

つまり、分析とは「事実」と「事実同士の関係性」を推論で解明していくプロセスであり、そのために必要不可欠な能力が「推論力」だ。

◆関係性を読み解く発想

より理解を深めるために、例を使って解説しよう。

もしあなたが量販店チェーンの分析担当者だったら、と仮定しよう。目の前に、漬物とタオルの売上推移データがあったとする。このデータでは、漬物の売上が上がっている時期にはタオルの売上が上がり、漬物の売上が下がっている時期にはタオルの売上も下がっていることが確認できた。

このデータを見たときに、もしあなたに「推論力」がなければ、漬物の売上データとタオルの売上データの「関係性」を分析する発想には至らない。漬物のデータとタオルのデータを個別のものとして捉え、「あれはあれ、これはこれ」という状態でスルーしてしまうことになる。その結果、データからは何の示唆も導き出せず、成果を上げることはできない。

一方で、もしあなたに「推論力」が備わっていれば、「漬物の売上とタオルの売上には、何か関係があるかもしれない」という「関係性を読み解く発想」に思い至ることができる。

そうすれば、

- 「漬物の売上が上がれば↓タオルの売上が上がる」という因果関係が存在するのか？
- それとも逆に「タオルの売上が上がれば↓漬物の売上が上がる」という因果関係が存在するのか？
- それとも、まったく別の第三の要因が存在するのか？

という問いを立て、「関係性の分析」を進めていくことができるはずだ。

そうすればやがて、

［図1］
関係性を読み解くと成果を上げやすい

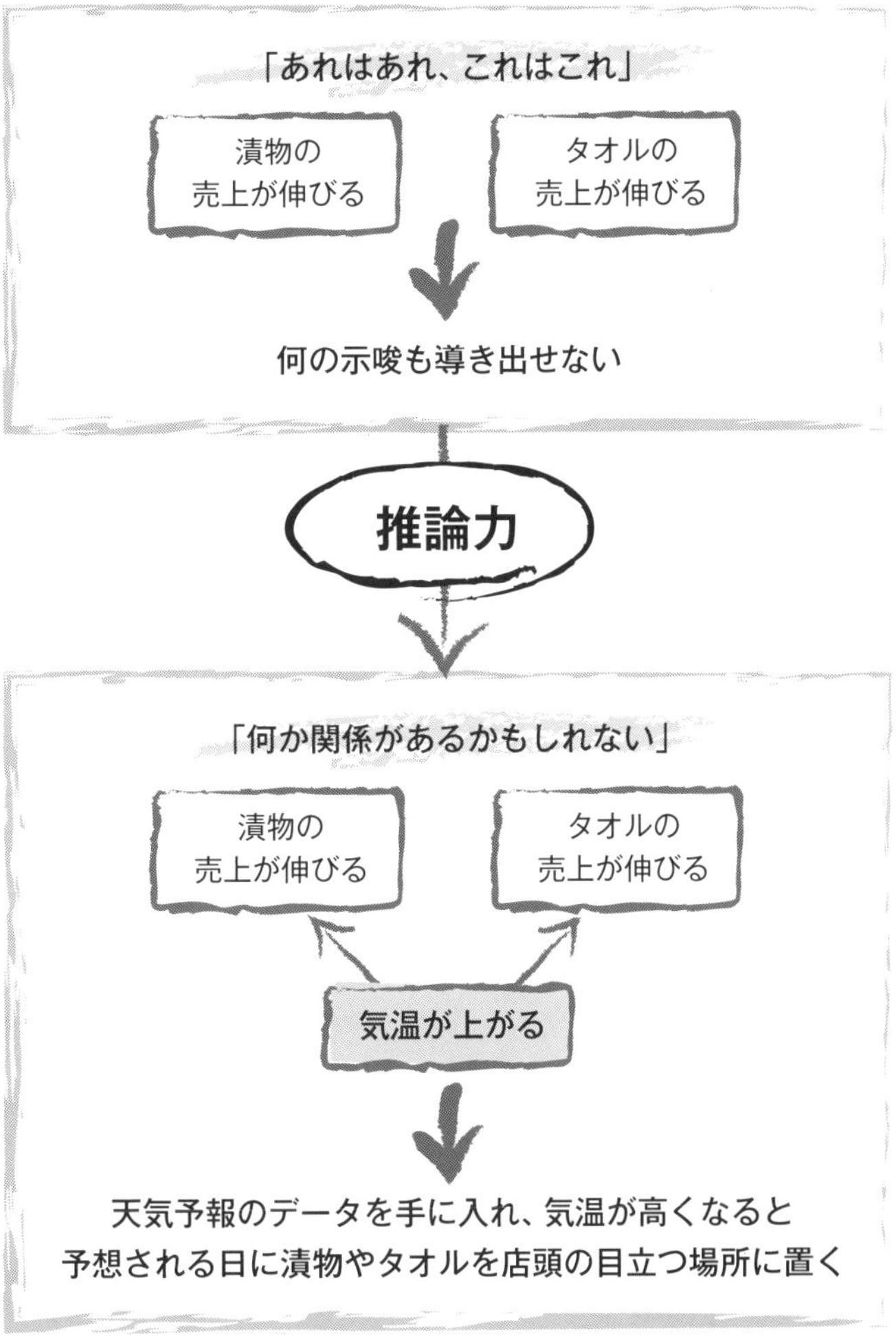
「あれはあれ、これはこれ」
漬物の
売上が伸びる
タオルの
売上が伸びる
何の示唆も導き出せない
推論力
「何か関係があるかもしれない」
漬物の
売上が伸びる
タオルの
売上が伸びる
気温が上がる
天気予報のデータを手に入れ、気温が高くなると
予想される日に漬物やタオルを店頭の目立つ場所に置く

・気温が上がれば→食欲減退・塩分不足予防のニーズが生じて、漬物の売上が伸びる。
・気温が上がれば→汗を拭《ふ》くニーズが生じて、タオルの売上が伸びる。
・漬物の売上とタオルの売上には「気温」という隠れた共通要因が存在している。
・漬物とタオルの売上に、直接的な関係性はない。

という結論に辿り着くことができる。そしてここまで来れば、あなたは早い段階で天気予報のデータを手に入れ、気温が高くなると予想される日には漬物やタオルを店頭の目立つ場所に置く、というアクションを起こすことができる。そうすれば、推論力を働かせずに「あれはあれ、これはこれ」で終わってしまうより、はるかに高い成果を生み出すことができるはずだ（図1）。

このように「推論力」の有無は、分析の質を決定づける極めて重要な要素となる。もしあなたが高い分析力を身につけたいなら「推論力」は欠くことのできない能力だ。

ビジネスコミュニケーションに必須　推論力③

「伝えたいことが伝わらない」という経験は、誰しも一度は身に覚えがあるはずだ。特に会議や提案の局面でよく遭遇する現象だ。

「伝えたいことが伝わらない」という問題も、その解決策のカギは「推論力」にある。なぜなら「伝えたいことが伝わらない」という状態は、次の2つのどちらかに原因があることがほとんどだからだ。

- 自分が伝えたい論点と、相手が聞きたい論点にズレがある。
- 結論に至る話の筋道が、論理的に一貫していない。

◆相手との視点のズレ――伝わらない原因

まずは「論点にズレがある」という状態について解説しよう。

仮に、あなたがある企業の事業戦略部門の責任者だったとしよう。

経営者に投資判断を促すために「100億円の投資が必要です！」という「結論」を主張したとする。しかし、経営者の関心が「なぜ100億円もの金額が必要なのか？」という「推論」の話であれば、互いの論点はかみ合わず、「伝えたいことが伝わらない」という状態に陥る。いわば、あなたが伝えている論点と、相手が聞きたがっている論点にズレがある状態だ。

そしてここからが重要なポイントだが、意思決定の局面では「なぜ、そのような結論に至ったのか?」という「推論」部分が主要な論点となりやすい。なぜなら、どのような意思決定も多かれ少なかれ投資が伴う以上、そこには説明責任が生じるからだ。

こうして見ていくと「推論」は意思決定の際に主要な論点となりやすいことから、そのベースとなる「推論力」は欠かせない能力であることがご理解いただけるはずだ。

◆話し手の論理的な一貫性のなさ――伝わらない原因

続いて「伝えたいことが伝わらない」もう一つの理由である「結論に至る話の筋道が論理的に一貫していない」という状態について解説しよう。

もし、あなたが突然「100億円の投資が必要です!」という結論の話をしたとしよう。その結論に何の脈絡もなければ、相手から納得感が得られないことは想像に難くない。

あなたが「100億円の投資が必要です!」という結論の話をするなら、「なぜそもそも投資が必要なのか?」という「前提の話」と「なぜ投資金額100億円という結論に至ったのか?」という「推論の話」がセットとして語られなければならない。そして「前提」→「推論」→「結論」の間に論理的な一貫性があれば、話の脈絡が一貫するため、劇的に伝わりやすくなる。

コンサルティング業界ではよく、新米コンサルタントの訓練として「雲・雨・傘」というフレームワークが用いられる。このフレームワークは、問題解決やコミュニケーションの際

の論理の一貫性を鍛えるために、

雲「空は曇っている」（前提）
雨「よって、雨が降りそうだ」（推論）
傘「だから、傘を持っていくべき」（結論）

という思考パターンを定着させることを目的に開発されたものだ。この「雲・雨・傘」のフレームワークを見ても「前提」と「結論」をつなぎ、論理的な一貫性を保つために重要な役割を果たすのが「推論」であり、話を伝わりやすくする上で非常に重要な要素であることがおわかりいただけるはずだ。

このように、ビジネスの世界では、

- 話全体の中で、相手はどの部分のことを聞きたがっているのか？ 「前提」の話か？「推論」の話か？ それとも「結論」の話か？
- 自分が伝えようとしている事柄は「前提（雲）」→「推論（雨）」→「そこから得られる結論（傘）」の筋道が論理的か？

という2つのポイントを押さえておけば「伝えたいことが伝わらない」という状態を回避できる。この2つのポイントを押さえる上で要となるのが「推論力」だ。

生産性の向上に役立つ　推論力④

働き方改革が叫ばれて久しい。

一方で、業務量は増え続けるにもかかわらず、残業は減らさなければならないという矛盾の中で、「つい仕事が締め切りギリギリになってしまう」という状態に陥ってしまうのは、近年よく見られる現象だ。

しかし、もしあなたが「推論力」を身につけることができれば、仕事の生産性を劇的に向上させることができる。

これまで、ある時は外資系コンサルティングファームのコンサルタントとして、そしてある時は広告代理店の戦略ディレクターとして多くのビジネスパーソンと仕事をさせていただいたが、「情報が多ければ多いほど、正解を導き出せるはずだ」と信じて疑わないビジネスパーソンは多い。できるだけ多くの情報を集め、徹底的に分析し、精緻《せいち》に計画を立てて解決策を実行するのは一見正しいスタンスのように思える。

しかしその背景には、

- 情報が網羅的に集まれば、
- 詳細に分析さえすれば、
- 綿密に計画さえ立てれば、

――100％完璧なビジネスが実現できるはず、という「完璧思考」の態度がある。しかし、どのようなビジネスも未来に向けてなされる以上、予言者でもない限り「100％完璧な答え」など予測しえない。

情報は多ければ多いほど良いのではなく、仮説に関係するものであればあるほど良い。そして優れた仮説を導き出すには、高い推論力が求められる。

「仕事が締め切りギリギリになってしまう」人は、推論に基づいた仮説を立てないまま「徹底的に」「詳細に」「綿密に」完璧を期そうとしてしまう。

しかし「完璧を期した」結果、問題の根幹をなす大きな問題から、解決したところで大勢に影響がないような小さな問題までがごちゃまぜになり、その結果、「つい仕事が締め切りギリギリになってしまう」という状態に陥ってしまう。長期間に渡るプロジェクトの場合には、情報収集に時間をかけてみたものの、仕事が終了したころには市場環境が大きく変わっていた、などもよくある話だ。

[図 2]

仮説思考による生産性は４倍

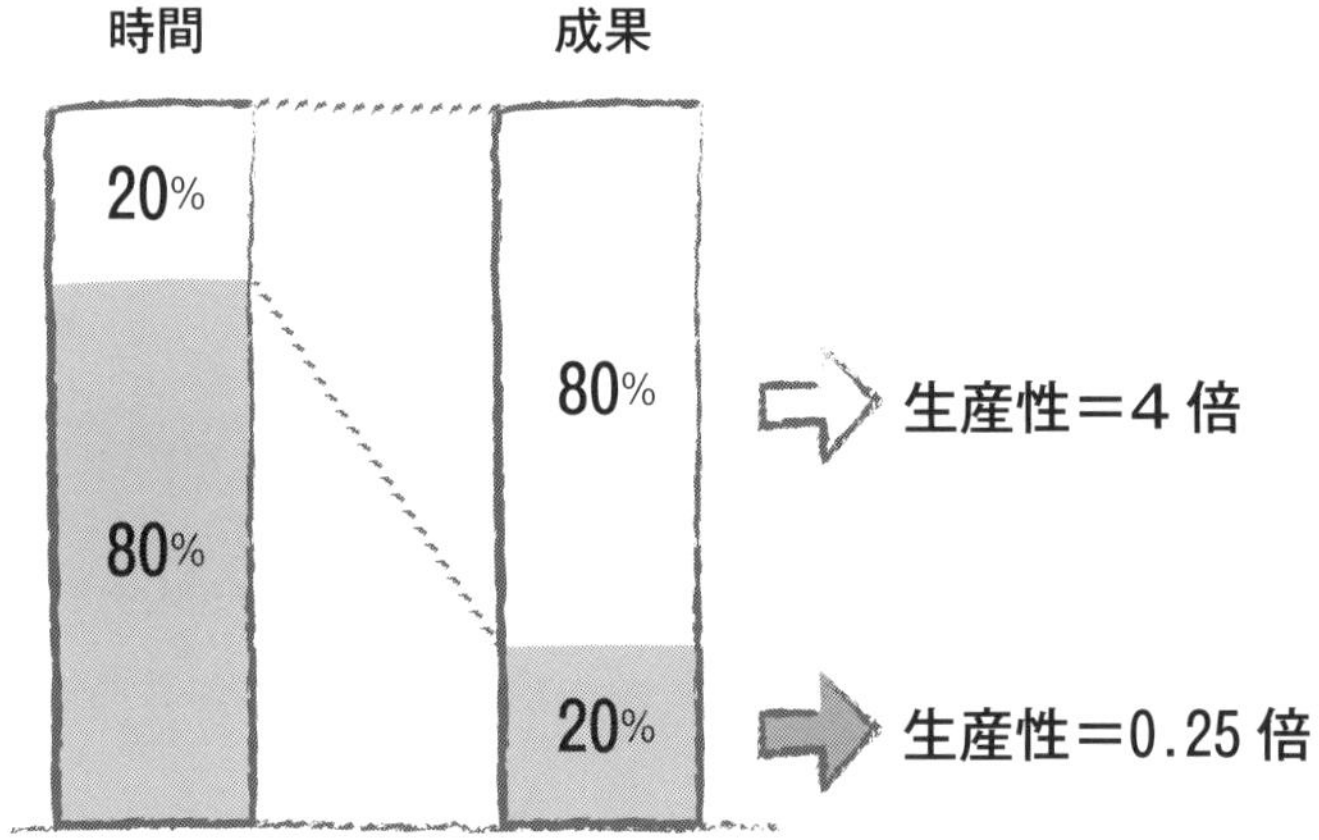

◆完璧を求めず、重要な20%を意識

ビジネスの世界には「パレートの法則」という有名な法則がある。「パレートの法則」は別名「20：80の法則」とも呼ばれ、フォーカスすべき重要な要素2割が、全体の8割の成果を生み出しているとする法則だ。

ことビジネスにおいては、与えられた時間は有限だ。この希少資源である「時間」を重要な20%にあてるには、初めに「何が重要な20%なのか？」を見極め、精度の高い推論を立てる必要がある。

もしあなたが「重要な20%」について適切な推論を立てることができれば、その20%が80%の成果を生むのだから、生産性は4倍になる。しかし、完璧思考のまま残りの80％も絨毯《じゅうたん》爆撃的に取り組んでしまえば、その80％がもたらす成果は20％しかないのだから、生産性は0・25倍（1／4）に落ちてしまうので注意が必要だ（図2）。

提案力の向上に必要不可欠　推論力⑤

最後に、「なかなか自分の提案が通らない」という状態について考えてみよう。ビジネスの実務では「提案力」ほど重要なスキルはない。なぜなら「提案」とは、極論を言えば相手に対して「期待」と「納得」をつくる業務であり、あらゆるビジネスが動き出す起点となるからだ。

提案力がある人は自分の提案をスムーズに通しやすく、思い描いた通りに物事を進めやすい。一方で提案力がない人は周囲の意見に押し切られてしまい、損をすることが少なくない。

提案が通らない原因は、大きく分けて2つある。それは、そもそもの「置いている前提」が間違っている場合か、あるいは前提は正しいものの、前提から結論に至るまでの「推論」が適切でない場合だ。

近年では多くの市場が成熟化し、過去の前例を踏襲したままでは大きな成果は得られない。これからのビジネスに求められるのは「過去の常識」という前提を覆し、これまでにない新たな価値を生み出すイノベーションだ。そしてイノベーションを生み出すためには「過去の常識とは何か?」という「これまでの前提」を正しく捉え、「それらを覆すにはどうすればいいのか?」という仮説を生み出す「推論力」が必要となる。

一方で、ビジネスには多かれ少なかれ投資が伴う以上、その推論が根拠のない思いつきであってはならない。「なぜうまくいくと言えるのか?」という根拠が必要であり、根拠も含めて「提案」するには論理的に妥当な結論を導き出す「推論力」が求められる。

こうして見ていくと「優れた提案」とは、過去の常識を覆すことで「期待」をつくり、かつ「これならうまくいきそうだ」という「納得」をつくる仕事であり、その両方に高いレベルの推論力が必要であることがご理解いただけるはずだ。

03

推論力は、今後希少性が高まるスキル

情報は古くなるが推論力は古くならない

ここまでお読みになってお気づきかもしれないが、見えないものを推測し、適切な結論を導き出す力「推論力」は、

ビジネス思考力：何をどう考えるべきか。
分析力：物事や関係性をどう捉えるべきか。
コミュニケーション力：何をどう伝えるべきか。
生産性：何をどう進めるべきか。
提案力：どう期待と納得をつくり出すべきか。

という、ビジネスで必須とされる主要なスキルを支える中核能力であることがわかる。も

［図3］
推論力は、あらゆるスキルの「中核能力」

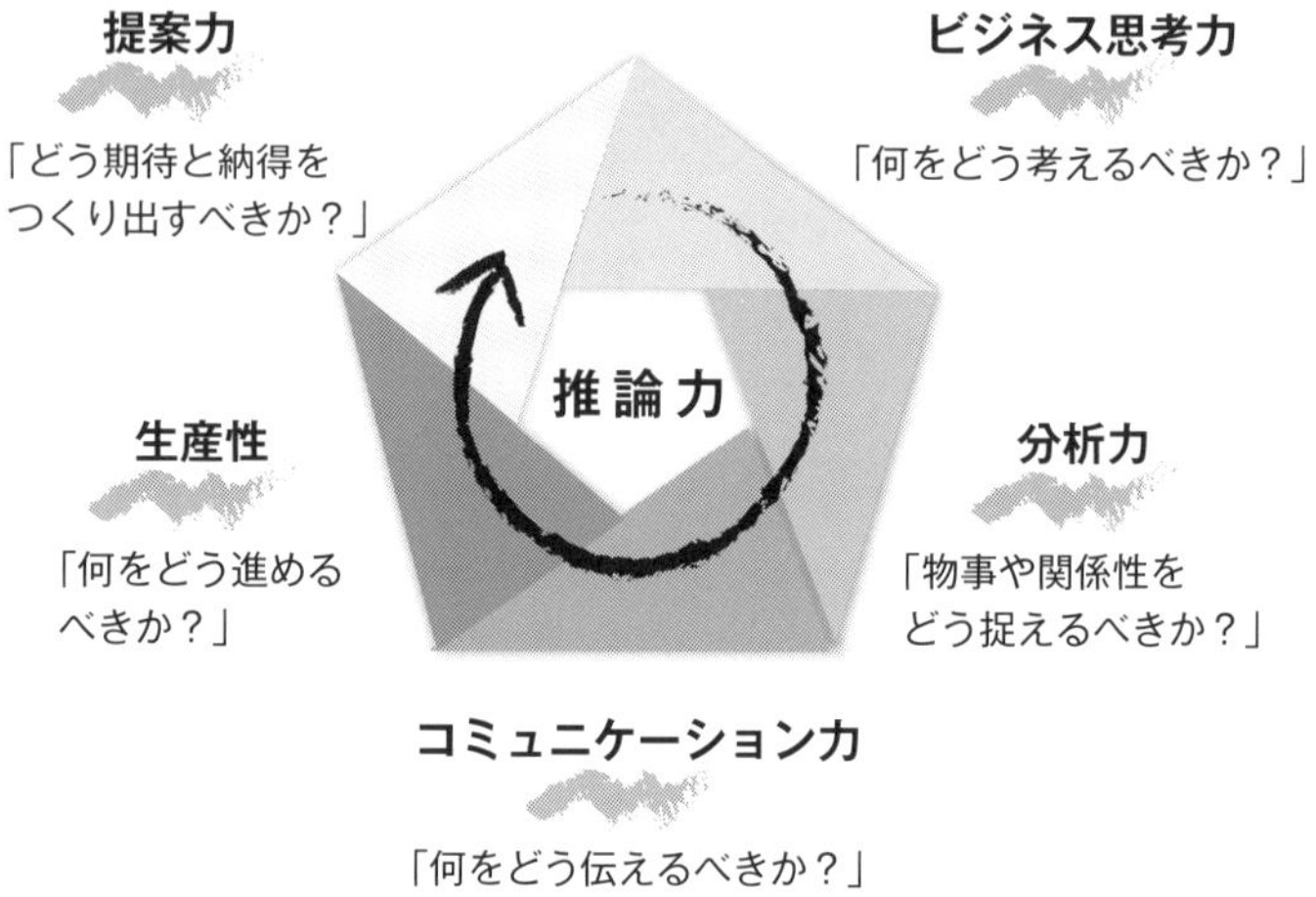
提案力
「どう期待と納得をつくり出すべきか？」
ビジネス思考力
「何をどう考えるべきか？」
推論力
生産性
「何をどう進めるべきか？」
分析力
「物事や関係性をどう捉えるべきか？」
コミュニケーション力
「何をどう伝えるべきか？」

しあなたが「日本語の読み書き」という中核能力がなければ、日本語で出題された「国語」「算数」「理科」「社会」の答案は解けない。これと同じように、もしあなたが「推論力」を身につけることができなければ「ビジネス思考力」「分析力」「コミュニケーション力」「生産性」「提案力」を向上させることはできない（図3）。

このように「推論力」は数多くのビジネススキルの中核に位置し、広い範囲にまたがって大きな影響を与える能力だ。

◆情報洪水時代の3つの副作用

さらに、近年では「推論力」の重要性が増しつつある。なぜなら、市場成熟化やインターネットの発達により、モノや情報が洪水のように氾濫《はんらん》しているからだ。その結果、大きく分けて3つの副作用が顕在化しつつある。

その1つ目は、モノや情報自体の差別化が難しくなっていることだ。今や多くのモノや情報が「誰でも」「いつでも」手に入る状態となっている以上、それ自体で価値を生み出すことが難しくなっている。

そして2つ目の副作用は「情報が流れるスピードの速さ」があなたを圧倒するあまりに、一つ一つの情報の「意味合い」や「解釈」が難しくなっていることだ。

情報のスピードが加速度的に増していくと、人は「情報に追いすがる」だけで精いっぱいとなり「情報を解釈し、推論を働かせる」ことに手が回らなくなる。これは、あなたも実感していることだろう。

そして3つ目は、私たちの働き方が問われ始めていることだ。

情報やデータがリアルタイムに可視化されれば、その対応もまたリアルタイム化が進むことになる。いわゆる高速PDCAだ。しかし高速PDCAは、ややもすれば「PDCA地獄で現場が疲弊する」などの症状が表れやすい。その結果、PDCAサイクルを回す現場は単なる「PDCAマシーン」と化し、疲弊を招くだけでなく「次の仮説を立てる」という仮説検証サイクルが回らなくなる。

一方で、近年では働き方改革が重要視され、限られたリソース（人・モノ・金・情報など）

の中で、いかに生産性の高い働き方を実現していくかが問われている。労働生産性を高めなければならないという至上命題の下、同じリソースでこれまで以上の成果を生み出すような働き方を実現していかなければならない。

そんな時代だからこそ、あふれる情報の中から重要な情報を見抜き、早い段階で精度の高い「解釈」を加え、あなた独自の「推論」に変える「推論力」は、あなた自身の希少価値となりえる。

◆長期的な競争力を生み出すアウトプットの技術

ビジネスのために情報収集をしたり、スキルアップのために知識を取得しようとする人は多い。しかし「情報」や「知識」は、ただそれだけでは「過去の先人からの借り物」に過ぎない。また、時間が経つにつれ巷に流通し、すぐに古くなっていくものだ。

一方で「推論力」は「未来に向けて知恵を生み出す」ためにある。そして、あなたが生み出した「知恵」はあなたオリジナルのものとなるため、流通しにくく希少価値があり、簡単には古くならない。

今や情報や知識は、万人が簡単に、短期間で手に入れることができる。しかし短期間で得られる競争力は、短期間で真似されやすい競争力でしかない。

しかし「推論力」は、情報や知識とは異なり、訓練や習慣を通して長期的に身につけていくものだ。一見回り道に思えるかもしれないが「長期的に身につける必要がある」ということは、いったん身につければ「今日明日では真似されにくい、長期にわたって使える競争力になる」ことを意味する。

さらには、他人を上回るペースで「推論力」の磨き込みを続ければ、あなたは周囲との差をますます広げることすら可能になる。

VRIOと推論力

「推論力」は情報や知識と異なり、目に見えない。そして「目に見えない」ということは傍から見て「真似しにくい」稀有《けう》な能力であることを意味する。

「推論力」は、数多くのビジネススキルの中核に位置し、幅広いビジネススキルに大きな影響を与える能力だ。そして情報や知識とは異なり、あなたオリジナルの価値を生み出せる能力として、情報洪水時代には希少価値となる。

戦略論の世界には、VRIOという、企業の競争力を整理するフレームワークが存在する。VRIOとはValue（価値）、Rarity（希少性）、Imitability（模倣困難性）、Organization（運用力）のアルファベットの頭文字を取ったもので、これらのすべてを満たすことで、持続的な競争優位が築けるとされる。

このＶＲＩＯに「推論力」を当てはめてみると次のようになる。

Value（価値）：推論力は「情報」や「知識」と異なり、あなた独自の価値を生み出せる能力である。

Rarity（希少性）：推論力は「情報」や「知識」と異なり流通しにくいため、情報洪水時代に希少価値となる能力である。

Imitability（模倣困難性）：推論力は目に見えず、長期的に身につける必要があることから、いったん確立すれば真似されにくい能力である。

Organization（運用力）：推論力は「ビジネス思考力」「分析力」「コミュニケーション力」「生産性」「提案力」の向上に影響を与える中核能力である。

こうしてＶＲＩＯフレームワークに当てはめてみると「推論力」はこれからのビジネスに役立つ重要な能力であることがわかる。

「まえがき」でも触れたが、現在はＶＵＣＡの時代であり「正解」など存在せず、さまざまな「可能性」があるだけだ。そんな時代に、より確実性の高い「可能性」を見いだすために必要な能力が「推論力」だ。

◆推論力を身につける方法と頭の使い方とは？

しかし「推論力の重要性」が理解できたとしても「どうやって推論力を身につけるべきか？」がわからなければ、実践に移すことができない。

よって、次章からは「推論力」の具体的な方法論として「帰納法」「演繹法」「アブダクション」について解説していこう（図4）。

「帰納法」や「演繹法」「アブダクション」といえば、ロジカルシンキングの書籍には必ずと言っていいほど登場する「論理展開のパターン」だ。しかし巷の書籍では「ロジカルシンキング」の枠組みの中で、ロジックツリーやピラミッドストラクチャーとともに軽く触れられているだけのことが多い。

「具体的な頭の使い方」や「ビジネス実務への活用方法」「トレーニング方法と習慣の仕方」まで含めて、充実した解説がなされることはほとんどない。

また、これらの推論法は「論理の妥当性を検証する」という文脈で語られることがほとんどだが「頭の使い方」を工夫することで「これまでになかった新たな可能性」を見いだすことも可能になる。

重要なことなので繰り返すが、帰納法・演繹法・アブダクションなどの「推論法」は「ビジネス思考力」「分析力」「コミュニケーション力」「生産性」「提案力」のベースとなる、極めて重要な方法論だ。

[図4]

本書で紹介する3つの推論法の基本プロセス

帰納法（第二章）

プロセス	例
事実①	若者世代の小池さんは、家飲みが好きだ。
事実②	若者世代の松本さんは、家飲みが好きだ。
事実③	若者世代の金子さんは、家飲みが好きだ。
▼	
共通点の発見	この3つの共通点は、家飲みが好きなことだ。
▼	
結論	よって、今の若者世代は、家飲みが好きだ。

演繹法（第三章）

プロセス	例
前提となるルール	今の若者世代は、家飲みが好きだ。
▼	
当てはまる物事	牧野さんは若者世代だ。
▼	
導かれる結論	よって、牧野さんは家飲みが好きなはずだ。

アブダクション（第四章）

プロセス	例
起こった現象	居酒屋市場が縮小している。
▼	
法則の当てはめ	今の若者世代は家飲みが好きだ。
▼	
導かれる仮説	よって、居酒屋市場縮小の原因は若者世代の家飲みへのシフトだ。

よって「推論力を身につける方法論」を理解する前に、再度「推論力の重要性」を再認識しておこう。

第一章のまとめ　7つのポイント

1 推論力とは「未知の事柄に対して筋道を立てて推測し、論理的に妥当な結論を導き出す力」のことを指す。

2 推論力は、より確実性の高い「可能性」を見いだすために必要不可欠な能力である。

3 推論力は「ビジネス思考力」「分析力」「コミュニケーション力」「生産性」「提案力」の向上に寄与する中核能力である。

4 推論力は、情報洪水時代に希少価値となる能力である。

5 推論力は、今日明日では真似されにくい、長期的な競争力のある能力である。

6 推論力の具体的な方法論は「帰納法」「演繹法」「アブダクション」の3つがある。

7 「帰納法」「演繹法」「アブダクション」は「頭の使い方」を工夫することで「これまでになかった物事の新たな可能性」を見いだすことができる。

第二章

「優れた洞察」を生み出す推論法

帰納法

04

帰納法とは何か？

もしあなたがロジカルシンキングや論理的思考関係の書籍を読んだことがあるなら「帰納法」という言葉を目にしたことがあるはずだ。

ロジカルシンキングの書籍をひもとくと、「帰納法」は「妥当性の高い論理を導くための手法」という意味合いで語られることが多い。しかし、帰納法の本来の真価とは、数多くの「法則」を発見できることだ。

世の中には飲み込みが早く「一を聞いて十を知る人」が存在するが、「なぜ一を聞いて十を導き出せるのか？」と疑問に思ったことはないだろうか？　一から見えていない残りの九を、いかにして導き出しているのだろうか？

「一を聞いて十を知る人」は、どんな些細《ささい》な事実からも「見えないもの」を見抜き、それらを「法則化」した上で、さまざまな分野に応用する習慣を身につけている。よって、少し説明をしただけで手持ちの法則を当てはめ、「それはこういうことですか？」と十を理解してしまう。また、質問があるかどうか尋ねると、的確な鋭い質問を返し、何をやらせても的を射た行動をする。

このような人たちが無意識に習慣にしているのが「帰納法」だ。

よって、本書では帰納法を「妥当性の高い論理を導くための手法」としてだけでなく、「有益な法則を導き出す推論法」という意味合いでも解説していこう。

共通点を見つけて結論へ　ベーコンと帰納法

帰納法の「帰納」とは「物事が落ち着いて（帰）、結論に納まる（納）状態」を指す。

この意味合いの通り、帰納法とは複数の物事から共通点を発見して結論を導き出す推論法のことを指す。別名「帰納的推論」とも言われる。

> 帰納法＝複数の事実から共通点を発見して結論を導き出す推論法

帰納法を発展させたのは、イギリスの哲学者であるフランシス・ベーコン（1561〜1626）と言われる。

ベーコンは、観察や実験などを繰り返し行うことによって経験を少しずつ積み、結果的に真理に到達するという「経験論」を唱えた。その基礎となったのが「複数の事実から共通点を導き出して結論を導き出す」帰納法だ。

帰納法の簡単な例

結論の導き方とプロセスチェック

帰納法をわかりやすく理解するために、まずは簡単な例を使って解説しよう。

たとえば次のような例が「帰納法」の典型例だ。

事実①：広告代理店Ａ社の上田さんは、真面目な性格だ。
事実②：広告代理店Ａ社の金谷さんは、真面目な性格だ。
事実③：広告代理店Ａ社の石田さんは、真面目な性格だ。

共通点の発見：広告代理店Ａ社の社員に共通するのは、真面目な性格であることだ。
結論：よって、広告代理店Ａ社は真面目な社風だ。

この例をひもとくと、帰納法では次のような「頭の使い方の手順」を辿っていることに気がつくはずだ。

[図5]
帰納法の推論プロセスは「なぜならば」でチェックできる

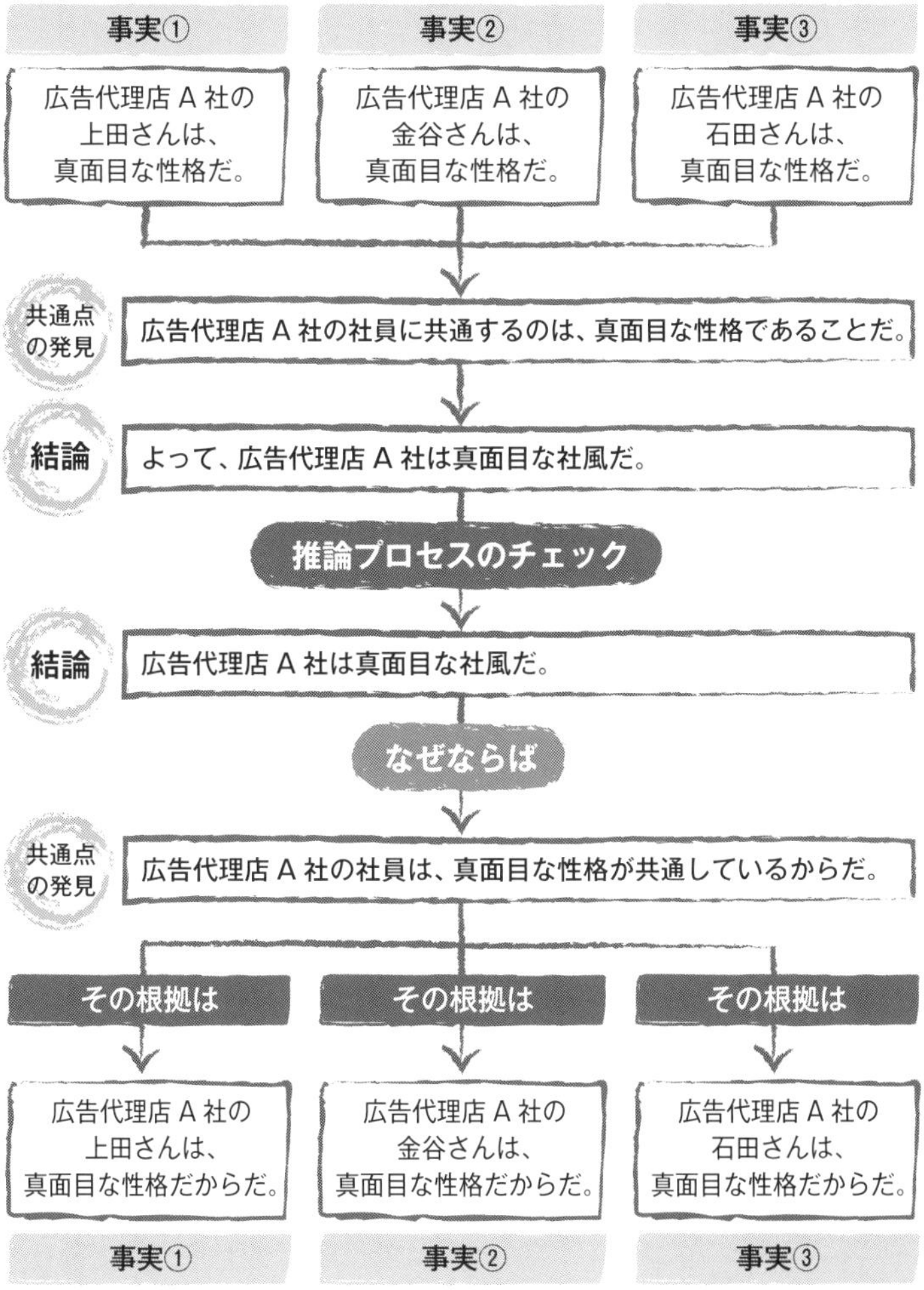
事実①
事実②
事実③
広告代理店A社の上田さんは、真面目な性格だ。
広告代理店A社の金谷さんは、真面目な性格だ。
広告代理店A社の石田さんは、真面目な性格だ。
共通点の発見
広告代理店A社の社員に共通するのは、真面目な性格であることだ。
結論
よって、広告代理店A社は真面目な社風だ。
推論プロセスのチェック
結論
広告代理店A社は真面目な社風だ。
なぜならば
共通点の発見
広告代理店A社の社員は、真面目な性格が共通しているからだ。
その根拠は
その根拠は
その根拠は
広告代理店A社の上田さんは、真面目な性格だからだ。
広告代理店A社の金谷さんは、真面目な性格だからだ。
広告代理店A社の石田さんは、真面目な性格だからだ。
事実①
事実②
事実③

複数の事実を挙げる：広告代理店Ａ社の上田さん・金谷さん・石田さん。
複数の事実の共通点を発見する：広告代理店Ａ社の３名は共通して真面目な性格だ。
共通点を全体に当てはめて結論を出す：広告代理店Ａ社は真面目な社風だ。

帰納法の推論が成立しているかどうかは、次のように「なぜならば」という接続詞を使って推論プロセスを逆算してみることで簡単にチェックできる。

たとえば次のような要領だ（図５）。

結論：広告代理店Ａ社は真面目な社風だ。
共通点：なぜならば、広告代理店Ａ社の社員は、真面目な性格が共通しているから。
その根拠は、
事実①：広告代理店Ａ社の上田さんは、真面目な性格だから。
事実②：広告代理店Ａ社の金谷さんは、真面目な性格だから。
事実③：広告代理店Ａ社の石田さんは、真面目な性格だから。

05

帰納法を扱う際の留意点

帰納法は複数の事実から共通点を発見し、共通点を全体に当てはめた上で結論づける推論法である以上、3つの留意点が存在する。

その3つの留意点とは次の通りだ。

- 事実に偏りがある場合。
- 共通点の発見に飛躍がある場合。
- 結論部分に飛躍がある場合。

事実に偏りがある場合　帰納法の留意点①

まずは1つ目の「事実に偏りがある場合」について解説しよう。

前節の例では「上田さんは真面目な性格だ」「金谷さんは真面目な性格だ」「石田さんは真面目な性格だ」という広告代理店A社の3名の事実から、「広告代理店A社の社員は真面目だ」と結論づけた。

しかし、もし新たに次のような事実が明らかになった場合はどうだろうか？

事実④：広告代理店A社の佐々木さんは、アバウトな性格だ。
事実⑤：広告代理店A社の中野さんは、アバウトな性格だ。
事実⑥：広告代理店A社の関口さんは、アバウトな性格だ。

新たにこれらの事実が加わった場合、広告代理店A社で働いている人は「真面目な性格の人は3名」「アバウトな性格の人は3名」となり「広告代理店A社の社員は真面目だ」という結論の確からしさが怪しくなることは、直感的にご理解いただけるはずだ。

このように、帰納法は限られた事実を全体に当てはめて推測する推論法である以上「事実の選び方」に偏りがあれば、そもそもの推論の前提が偏ってしまうため、得られる結論も偏ったものになる。

よって帰納法を扱う際には、常に「選び取った事実に偏りはないか？」「代表性はあるか？」に注意を払うようにしよう。

共通点の発見に飛躍がある場合

帰納法の留意点②

次に、2つ目の「共通点の発見に飛躍がある場合」について解説しよう。こちらも次の例をご覧いただきたい。

事実①：広告代理店A社の上田さんは、真面目な性格だ。
事実②：広告代理店A社の金谷さんは、真面目な性格だ。
事実③：広告代理店A社の石田さんは、真面目な性格だ。
共通点の発見：広告代理店A社の人に共通するのは「官僚気質な」性格であることだ。
結論：よって、広告代理店A社は「官僚気質な」社風だ。

これをお読みになれば、どこに問題があるかはすぐにおわかりいただけるはずだ。

この例の問題点は「事実」から「共通点の発見」に至るプロセスに飛躍があることだ。

事実である「3名は真面目な性格だ」は極めてニュートラルな話をしているが、共通点の発見に至ると「官僚気質な性格だ」と「偏った評価」が入ってしまっており、推論に飛躍がある。

このように、帰納法は複数の事実さえあれば、恣意的《しいてき》に共通点を見いだして主張できてしまう。しかしあまりに恣意的な解釈を加えると「推論に恣意性が入っている」と疑われてしまうため、注意が必要だ。

結論部分に飛躍がある場合　帰納法の留意点③

最後に、3つ目の「結論部分に飛躍がある場合」について解説しよう。

こちらも、まずは次の例をご覧いただきたい。

事実①：広告代理店A社の上田さんは、真面目な性格だ。
事実②：広告代理店A社の金谷さんは、真面目な性格だ。
事実③：広告代理店A社の石田さんは、真面目な性格だ。
共通点の発見：広告代理店A社の人に共通するのは、真面目な性格であることだ。
結論：よって、広告代理店A社の「業績は安泰」だ。

こちらも、この推論プロセスのどこに問題があるかはすぐにおわかりいただけるはずだ。

この例の問題点は「共通点の発見」から「結論」に至るプロセスで飛躍があることだ。「広告代理店A社に勤務する人は、共通して真面目な性格だ」という共通点から「業績は安泰だ」という結論に至るためには、

共通点の発見：広告代理店A社の人に共通するのは、真面目な性格であることだ。
↓
一般化：よって、広告代理店A社は真面目な社風だ。
↓
推論1：広告代理店A社は真面目な社風であることから、誠実な仕事をするはずだ。
↓
推論2：広告代理店A社は誠実な仕事をするので、顧客からの評価は高いはずだ。
↓
結論：広告代理店A社は顧客からの評価が高いので、業績は安泰のはずだ。

という推論プロセスを経なければならない（図6）。しかし先ほどの例では「一般化」「推論1」「推論2」を経ずにいきなり「結論」に飛躍してしまっている。このため「なぜいき

[図6]

帰納法では結論の飛躍に注意する

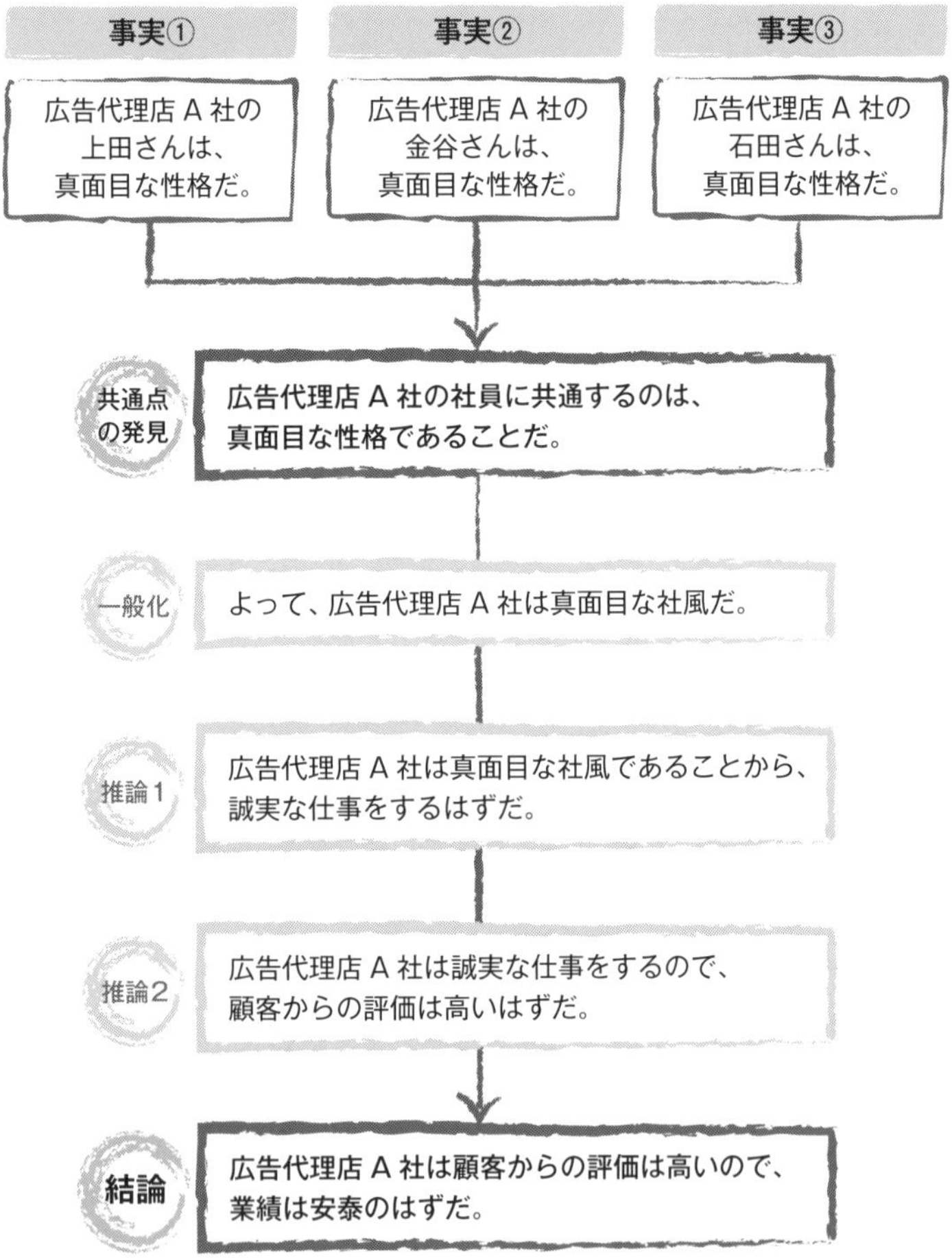
事実①
広告代理店A社の
上田さんは、
真面目な性格だ。
事実②
広告代理店A社の
金谷さんは、
真面目な性格だ。
事実③
広告代理店A社の
石田さんは、
真面目な性格だ。
共通点の発見
広告代理店A社の社員に共通するのは、
真面目な性格であることだ。
一般化
よって、広告代理店A社は真面目な社風だ。
推論1
広告代理店A社は真面目な社風であることから、
誠実な仕事をするはずだ。
推論2
広告代理店A社は誠実な仕事をするので、
顧客からの評価は高いはずだ。
結論
広告代理店A社は顧客からの評価は高いので、
業績は安泰のはずだ。

なりその結論になるの？」という印象が拭えない。

これが職場の雑談なら笑い話で済ますことができるが、顧客や経営陣に対するプレゼンの場合には致命傷にもなりうる。よって、重要な提案の際には、帰納法の推論プロセスに飛躍がないかどうかを、入念にチェックする習慣を持っておこう。

◆精密さより納得感を追え——帰納法の弱点を超えて

帰納法は、一言でいえば「複数の事実から共通点を発見して結論を導き出す推論法」だが、これは別の言い方をすれば「限られたサンプルから共通点を発見して、それを全体に当てはめて結論を出す推論法」でもある。

そして「限られたサンプルを全体に当てはめる」以上、推論は「部分から全体へ」「特殊から普遍へ」「具体から概念へ」と向かう性質を持つことになる。

いわば「一握りの出来事」を、そこから離れた「全体に当てはめる」という性質を持つのだから、推論が飛躍する可能性をゼロにすることはできない。このことから、帰納法によって得た結論は「100％論理的に正しい結論」ではなく「論理的に確からしさが高い結論」という位置づけにとどまらざるをえない。

しかし、ビジネスの実務で重要なのは「論理の精密さを追いかける」ことではなく、顧客や意思決定者の「期待と納得を追いかける」ことだ。だとすれば帰納法を「論理的な正解を導き出す推論法」として厳密に捉えるのではなく、複数の事実を元に共通点を「洞察」し、推論プロセスを相手と共有する「コミュニケーションツール」として捉えたほうが、現実的で実用的だ。

そう捉えれば、帰納法の弱点を超えて、ビジネスでの活用局面は格段に広がるはずだ。

06

ビジネスで帰納法を活用する2つの局面

どんなに帰納法について詳しく理解できたとしても、実際のビジネスに活用できなければ成果には結びつかない。よって、ここからは「ビジネスで帰納法を活用する局面」について詳しく解説していこう。ビジネスにおける帰納法の活用局面は、大きく分けて2つある。

- 環境の変化を捉えて、方針や戦略を策定する局面。
- 世の中の事象から「法則」を発見し、学びに変える局面。

以下、簡単に解説しよう。

環境の変化を捉えて、方針や戦略を策定する局面

あらゆるビジネス活動は、環境の変化から逃れることはできない。政治や政策の変化は、「市

場競争のルール」そのものを変化させる。経済の変化は売上やコストなど利益に直結する「バリューチェーン」に大きな影響を与える。そして社会の変化は売上の元となる「生活者の需要構造」を変化させ、テクノロジーの変化は「市場競争の成功要因」を劇的に変えてしまう。

このように、環境の変化は時にあなたのビジネスの「根底」にすら影響を与えかねないインパクトを持っている。これらの変化の中には一企業の努力だけでは抗《あらが》い切れない変化も少なくない。だとすれば、複数の環境変化の奥底に流れるメカニズムを発見して、そのメカニズムを味方につけることができる方針や戦略を策定するのが合理的だ。

そして鋭いあなたならお気づきだと思うが、環境の変化を元に方針や戦略を策定する局面は、そのまま帰納法が活用できる局面だ。

複数の事実：複数の市場環境の変化から、
共通点の発見：その奥底に流れる共通のメカニズムを見いだして、
結論：そのメカニズムを味方につけられる方針や戦略を策定する。

帰納法はＰＥＳＴ分析や３Ｃ分析など、外部環境分析のフレームワークと相性が良い。ご存じない方のために説明すると、ＰＥＳＴ分析とは、マーケティングの父と言われるノースウェスタン大学ケロッグ経営大学院のフィリップ・コトラー教授が開発したフレームワークだ。世の中の大きな流れ（＝マクロ環境）が自社にどのような影響を与えるかを分析するフレームワークとして知られる。

ＰＥＳＴ分析の「ＰＥＳＴ」とは、Politics、Economy、Society、Technology それぞれの頭文字を取ったもので、世の中の流れを、

Politics：政治的要因
Economy：経済的要因
Society：社会的要因
Technology：技術的要因

の４つの切り口で分析し、事業戦略やマーケティング戦略に活かすことができる。

一方の３Ｃ分析とは、元マッキンゼー＆カンパニーのコンサルタントである大前研一氏が開発したフレームワークであり、自社を取り巻く市場環境を、

Customer：市場・顧客
Competitor：競合
Company：自社

の3つに分類し、市場動向の変化を分析する際に用いられる。

◆フレームワークを使いこなすコツ

これらのフレームワークは、戦略立案の分野では必ず使われる「定番」といってもよいフレームワークだが、一方で「使ってはみたものの、活用できない」「うまく使いこなせない」という声もよく聞く。

そこで「なぜ使いこなせないのか？」という原因をひもとくと、共通するのはこれらのフレームワークを「情報整理のための穴埋めツール」としか活用しておらず「帰納的に推論するためのツール」として使いこなせていないケースだ。

PEST分析や3C分析などのビジネスフレームワークは、ただそれだけでは「単なる箱」に過ぎない。テストの答案のように単なる「情報の穴埋め」として使っているだけでは、価値ある示唆を導き出すことはできない。これでは「知識止まり」だ。

ビジネスフレームワークは、単に情報収集や整理のために使うのではなく「帰納的な推論を働かせ、有益な示唆を導き出す」ことで初めて使いこなせるツールだ。

もしあなたが環境の変化を捉えて、優れた戦略や方針を策定したいなら、PESTや3Cなどのフレームワークを活用する際に、

複数の事実：複数の市場環境の変化から、
共通点の発見：その奥底に流れる共通のメカニズムを見いだして、
結論：そのメカニズムを味方につけられる方針や戦略を策定する。

という帰納的な推論を働かせることを意識しよう。

世の中の事象から法則を発見し、学びに変える局面

続いては「世の中の事象から法則を発見し、学びに変える局面」について解説しよう。

あなたがビジネスパーソンなら、さまざまなビジネス経験から学びを得て、自分の成長につなげたいと感じているはずだ。しかし、もしあなたが「自分を成長させること＝多くの知識を得ること」だと考えているなら、あなたの成長は限定的なものになる。なぜなら「知識」とは冒頭で解説した通り「先人からの借り物」でしかなく、あなた独自の「知恵」ではないからだ。

さらに、インターネットやソーシャルメディアの進化により、年々知識が陳腐化するスピードが速まっている。このため「知識を学ぶスピード」よりも「知識が陳腐化するスピード」

が上回る臨界点に達したとき、あなたの成長は限界を迎えてしまう。

真に意味がある成長とは、すぐに陳腐化してしまう「知識」を得ることではなく、時代を超えて使える再現性の高い「法則」をストックしていくことだ。

法則とは「一定の条件下で、物事の間に成立する普遍的・必然的関係」を指すが、もしあなたが推論を通して得た「法則」を数多くストックしていけば、あなた自身の競争力に直結していくはずだ。

だとすれば、独自性&再現性が高い「法則」を手に入れることは、あなたの成長にとって決定的に重要となる。そこでフル活用してほしいのが「帰納法」だ。

よりわかりやすく理解するために、例を用いて解説しよう。

もし、あなたが企業のイベント担当者だったら、としよう。さまざまなイベント実施の経験から、次の事実に気づいたとする。

事実①：イベントAで「旅」をモチーフにしたら、集客力が高まった。
事実②：イベントBで「宇宙」をモチーフにしたら、集客力が高まった。
事実③：イベントCで「図鑑」をモチーフにしたら、集客力が高まった。

もしあなたが「帰納法」をマスターしていたら、「旅をモチーフにしたら、集客力が高まった」「宇宙をモチーフにしたら、集客力が高まった」「図鑑をモチーフにしたら、集客力が高まった」という3つの事実に対する「共通点」を探すはずだ。やがてあなたは、次のような「共通点」を発見することになる。

共通点の発見：この3つのイベントの共通点は、モチーフを加えたことである。

すると、あなたがさまざまなイベント企画から得られた「法則」は次のようなものになる。

結論（法則）：イベントにモチーフを加えれば、集客力は高まる。

これは、あなたから見れば数々のイベント実施経験を通して、あなた独自の「法則」を手に入れたことを意味する。そして「イベントA」「イベントB」「イベントC」のいずれでも「モチーフを加えたら集客力が高まった」ということは、この法則は極めて再現性が高いはずだ。だとすれば、あなたはこれ以降のイベントでもモチーフを加えた企画を立案することで、高い成果を残し続けることができるようになる。

また、別の例も示そう。仮に、あなたが企業の事業戦略立案担当者だったとしよう。さまざまな企業事例をケーススタディした中から、次の事実に気づいたとする。

事実①：ハーゲンダッツは、収益性が高い。
事実②：amazonは、収益性が高い。
事実③：JINS《ジンズ》は、収益性が高い。

すでに帰納法を理解したあなたなら「ハーゲンダッツ・amazon・JINSの間に、何らかの共通点があるはずだ」ということに想いが至るはずだ。

一見、この3つのブランドに共通点はないように見える。しかし深く調べていくと、これらのブランドには次のような共通点があることを発見できる。

共通点の発見：この3ブランドの共通点は、新たな市場を創造しトップブランドになったことである。

確かに、ハーゲンダッツは「スーパープレミアムアイスクリーム市場」という新たな市場をつくり上げ、シェア1位に君臨している。amazonも「ネット書店」という市場を切り拓き、ナンバーワンポジションに位置している。JINSもまた「ブルーライトカットメガネ」

という市場をつくり、トップブランドとして認識されている。
だとすれば、あなたが帰納法を通して得られる「法則」は次の通りとなる。

結論（法則）：新たな市場を切り拓きトップブランドになれば、高い収益性が見込める。

「ハーゲンダッツは収益性が高い」「amazon は収益性が高い」「JINS は収益性が高い」という事実は、ちょっと調べればわかる「知識」でしかない。しかし単なる知識を得るよりも、帰納法を通して「新たな市場を切り拓きトップブランドになれば、高い収益性が見込める」という「法則」を手に入れたほうが、今後のあなたの成長にとってはるかに有益なことがおわかりいただけるはずだ。

さらにもう一つ、帰納法に慣れていただくために別の例も示そう。

事実①：水は「飲めるもの」である。
事実②：水は「洗えるもの」である。
事実③：水は「火を消せるもの」である。

こちらも、一見しただけでは何の共通点もないように思える。しかしここで思考停止をせずに推論を働かせることができれば、あなたは帰納法から得られた「共通点」を「法則」に変え、武器に変えることができる。

では、あなたはこの3つの事実から、どのような「共通点」を見いだし「法則」に変えることができるだろうか？　この3つの事実から得られる「共通点」とは次の通りだ。

共通点の発見：この3つの共通点は、モノ（＝水）を抽象化して「コト」として捉え直したことである。

抽象化とは「形のある実体」を手掛かりにしながらも、それに囚《とら》われることなく「形のない概念」に抜き出していくことを指す。

「水」自体は、目に見える物理的な「モノ」だが、水という実体から離れ、目に見えない概念として「コト」を抜き出すと「飲めるもの」「洗えるもの」「火を消せるもの」など、複数の「水が持っている価値」を見いだすことができる。

だとすれば、あなたが手に入れることができた「法則」は次のようになる。

結論（法則）：「モノ」から「コト」を抜き出すと、その実体が持つ複数の「価値」を

[図 7]

帰納法で「法則」を手に入れる

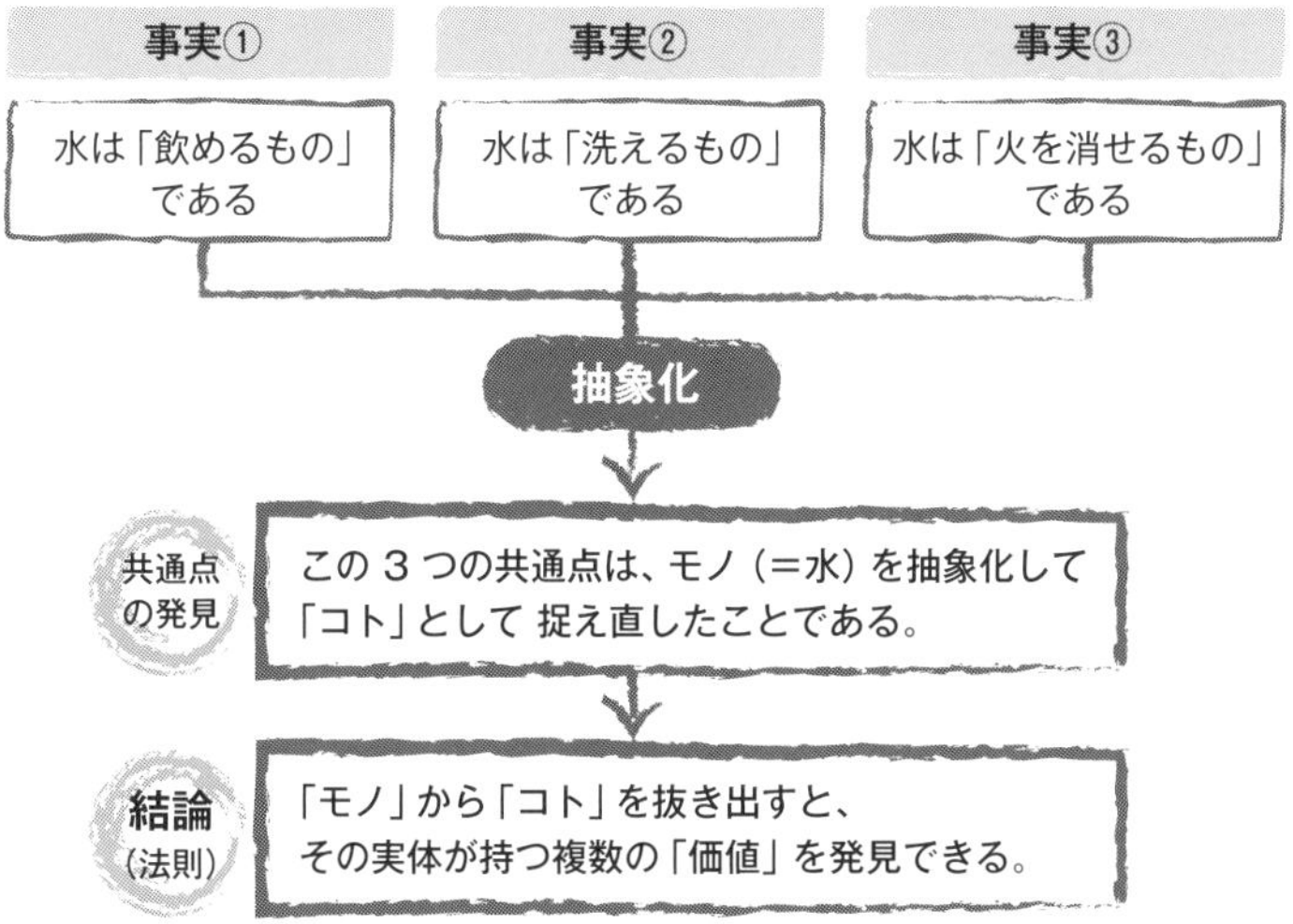
事実①
水は「飲めるもの」である
事実②
水は「洗えるもの」である
事実③
水は「火を消せるもの」である
抽象化
共通点の発見
この 3 つの共通点は、モノ（＝水）を抽象化して「コト」として 捉え直したことである。
結論（法則）
「モノ」から「コト」を抜き出すと、その実体が持つ複数の「価値」を発見できる。

発見できる。

「モノ」は形の制約に縛られる以上、そこから得られる価値は限定的なものになる（図7）。

たとえばスマートフォンは「モノ」だけで捉えれば「単なる四角い金属」でしかない。

しかし、モノから「コト」を抜き出すことができれば「電話ができるもの」「メールができるもの」「インターネットで情報収集ができるもの」「写真を撮れるもの」など「スマートフォンが持っている複数の価値」を見いだすことができる。

そしてあなたはこの「法則」を

教訓にすることで「モノ」に縛られることなく「コト」を抜き出し、「コト」から価値を生み出す「頭の使い方」をマスターできるようになる。

このように、あなたの武器となる数々の「法則」は、帰納法から生まれる。もしあなたが事実や経験を経て「法則」を数多く手に入れることができれば、それらの「法則」は、あなたの成長や競争力を加速させていくはずだ。

07

帰納法の頭の使い方4ステップ

「まえがき」でも解説したが、推論力は「頭の良し悪し」の問題ではなく「頭の使い方」の問題だ。そしてこれは「帰納法」も例外ではない。「帰納法」は「頭の使い方の手順」さえ覚えれば誰でも、そしていつからでも身につけられる「技術」だ。

よって、ここからは帰納法をマスターするために「帰納法の頭の使い方の手順」について解説していこう。

帰納法の頭の使い方の手順は、大きく分けると次の4ステップだ。

STEP1：さまざまな事実に気づく。
STEP2：複数の事実の共通点を発見する。
STEP3：結論や法則を見いだす。
STEP4：アナロジーを使って「法則」を応用する。

STEP1 さまざまな事実に気づく

帰納法は「複数の事実から共通点を発見して結論を導き出す推論法」だ。よって帰納法の出発点は「複数の事実に気づく」ことであり、その際に必要となるのが「観察力」だ。

「観察力」は、あなたの「認識」を決定づける。誤解を恐れずに言えば「あなたが見えている世界そのもの」を決定づけてしまうといっても過言ではない。なぜなら、人は誰もが「自分の認識のフィルター」を通してしか、世界を見ることができないからだ。

人は「自分が気づいた物事」だけが「自分の世界のすべて」となる。そして人は、自分が気づいた物事の範囲内でしか、考え、判断し、行動することができない。

「観察力」は、あなたと世界をつなぐ極めて重要な接点だ。そして「観察力で得られた気づきが多いか、少ないか」で、あなたの成長はおろか、あなたに見えている「世界の広さ」すら大きく変えてしまうことを肝に銘じておこう（図8）。

人は、誰もが同じく24時間を与えられている。そして今やさまざまな情報が万人に手が届く時代だ。しかし「観察」を通して何に気づき、推論を働かせられるかによって、あなたの成長は何倍、何十倍もの差がついてしまう。

このように考えれば「あなたの世界」を形づくる観察力は、帰納法を使いこなす上で極め

[図 8]
観察力は、あなたに見えている「世界の広さ」を決定づける

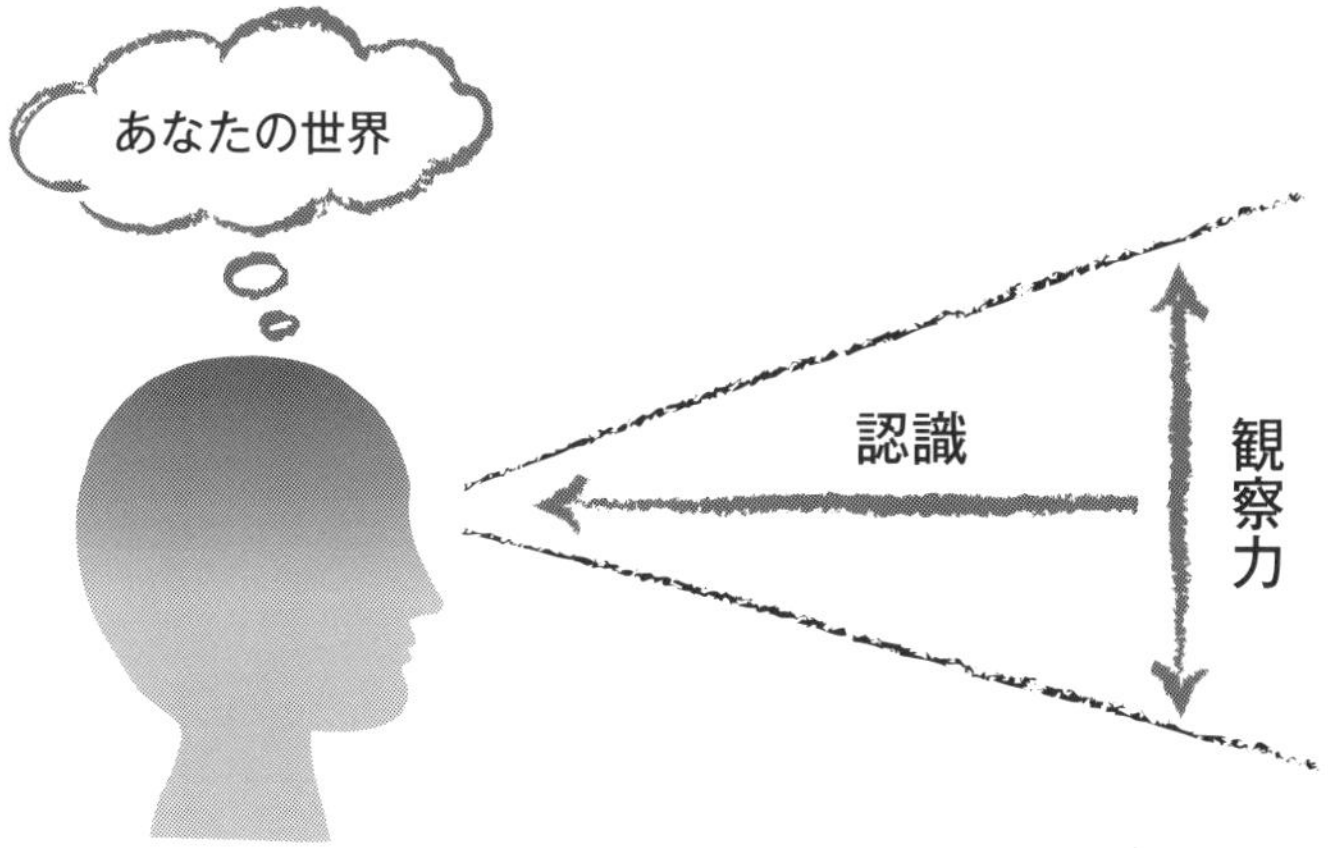

て重要な能力であることがご理解いただけるはずだ。

この世の中にあるすべての物事は、あなたの世界を広げる対象であり、トレーニングの素材となる。帰納法の出発点となる「観察力」を磨くには、それを自覚し、貪欲《どんよく》に気づきを得ようとするマインドセットを持つことだ。

もしあなたが観察力を身につけたいなら、ぜひ実践してほしいことが3つある。その3つとは、次の通りだ。

- フォーカスを絞る。
- 視点を持つ。
- 当たり前を疑う。

◆フォーカスを絞る

1つ目は、関心のフォーカスを絞りこむことだ。

人は、自分が関わっている物事や知りたいテーマが念頭にあると、関連する情報に対する感度が高くなる。これを心理学では「カクテルパーティー効果」という。

たとえば、あなたが「WEBマーケティング」に取り組んでいると仮定しよう。あなたは、新聞や業界誌を読んだ際に、WEBマーケティングの動向や同業他社の取り組み状況の記事について、自然に目が止まることだろう。

また、直接同じテーマでなくても、ビッグデータ関連やAIに関する記事など、周辺領域に関する情報に対しても、注意が向くようになるはずだ。

さらには、より広範な視点を持って、経済動向、マーケティングやブランディングの変化、生活者の行動変化などにも、感度が高くなってくることもありうる。

人は写真のようにすべての物事を「写すように」捉えているわけではない。自分に関心がないものは、たとえ何万回見たとしても、気づけないものは気づけない。

だとすれば、まずはテーマを絞り、その領域に対する注意力を高め、気づきを蓄積したほうが有益だ。そうすれば、いずれ関心のあるテーマとそれを取り巻く環境がつながって、より深い理解につながっていくはずだ。

◆視点を持つ

続いて「観察力を高めるために実践してほしいこと」の2つ目は、事実を捉える際に、意識的に「視点」を持つことだ。

もしあなたが「変化の視点」を持てれば、多くの事実に気づけるようになる。なぜなら人は「時点」をスナップショットで切り取るよりも、時系列で「変化」を捉えたほうが多くの気づきを得やすいからだ。

さらに、意識的に「比較の視点」を持つことも効果的だ。人は何かを「比較」し、その差を捉えることで、多くの物事に気づきやすくなる。

また、あなたがビジネスパーソンなら「フレームワークの視点」を持つことも有益だ。なぜなら、さまざまなビジネスフレームワークは「ビジネスを捉える視点集」ともいえるからだ。

もしあなたが「ファイブフォース分析」というフレームワークを知っていれば、あなたは自社の業界を「売り手の交渉力」「買い手の交渉力」「新規参入者の脅威」「代替品の脅威」「業界内競争」という5つの「視点」を意識的に捉え、これまで気づかなかったことに気づけるようになる。

また、4P分析というフレームワークを知っていれば「商品（Product）」「価格（Price）」「流通（Place）」「販売促進（Promotion）」という4つの「視点」を持つことで、これまで気づかなかったマーケティング上の示唆が得られるようになるはずだ。

このように、さまざまなビジネスフレームワークは、あなたに「視点」を提供してくれる。そしてさまざまな「視点」を通して物事を眺めれば、新たな事実に気づくきっかけを与えてくれるはずだ。

◆当たり前を疑う

最後に「観察力を高めるために実践してほしいこと」の3つ目は、常に「当たり前を疑う」ことだ。

世の中には、面白い気づきにつながるさまざまな事実がひそんでいる。一方で、人は物事が「当たり前になる」と注意力が落ち、価値ある事実に気づきにくくなる。

- 経験や慣れによる「当たり前」
- 常識や既成概念による「当たり前」
- 権威や社会的証明による「当たり前」

これらはあなたの観察力を下げ、判断力を曇らせる。その結果、あなたは価値ある事実を見逃すことになり、推論力は磨かれず、目の前にある成長の可能性を拓くことができなくなる。

「当たり前」は、それが「当たり前」であると自覚できて、はじめて「評価」や「推論」ができるようになる。

あなたの目の前には、貴重な瞬間が1日に何十回と訪れているが、それに気づくかどうか、それを帰納法のインプットとして活用できるかどうかは、あなたのマインドセット次第だ。

STEP2 複数の事実の共通点を発見する

観察力を通してさまざまな事実に気づいたら、次は「複数の事実の共通点を発見する」ステップだ。いよいよここからは、本当の意味で「推論」の領域に踏み込むことになる。

複数の事実から共通点を発見するには、大きく分けて2つの方法が存在する。

- 観察を通して得られた複数の事実から「直接的に」共通点を発見する方法。
- 観察を通して得られた複数の事実から「洞察を通して」共通点を発見する方法。

便宜上、本書では「観察を通して直接的に共通点を発見する推論法」を「観察的帰納法」と呼び、「洞察を通して共通点を発見する推論法」を「洞察的帰納法」と呼ぶことにしよう。

◆「観察的帰納法」と「洞察的帰納法」

「観察的帰納法」の頭の使い方は、極めてシンプルだ。まずは前述した例を再掲するのでご覧いただきたい。

事実①：広告代理店Ａ社の上田さんは、真面目な性格だ。
事実②：広告代理店Ａ社の金谷さんは、真面目な性格だ。
事実③：広告代理店Ａ社の石田さんは、真面目な性格だ。

共通点の発見：広告代理店Ａ社の人に共通するのは、真面目な性格であることだ。

この推論プロセスを注意深く見ると、「観察を通して得られた複数の事実」の中に、すでに「共通点とは何か？」の答えとして「真面目な性格だ」が含まれていることに気がつけるはずだ。

このように「観察的帰納法」は、観察によって得られた複数の事実の中に、すでに「共通点」が含まれている。よって、頭の使い方はシンプルに「事実の中に共通点を探す」ことだ。

一方で「洞察的帰納法」は、共通点を発見する際に知恵を絞る必要がある。なぜなら「得られた複数の事実」の中に、直接的な「答え」が含まれていないからだ。
こちらも、前述した例を元に解説しよう。

事実①：水は「飲めるもの」である。
事実②：水は「洗えるもの」である。
事実③：水は「火を消せるもの」である。

これらをご覧になるとおわかりの通り、この3つの事実の中に「直接的な共通点」は含まれていない。この3つの共通点は、

共通点の発見：この3つの共通点は、モノ（＝水）を抽象化して「コト」として捉え直したことである。

だったが、この共通点を「発見」するには「洞察力」が求められる。
洞察力とは、目に見える事実を手掛かりにしながらも、その奥底にある「目に見えないもの」を見抜く力を指す。「目に見えないもの」とは「概念」や「関係」あるいは「原理」「本質」などだ。

[図9]
観察的帰納法と洞察的帰納法の頭の使い方

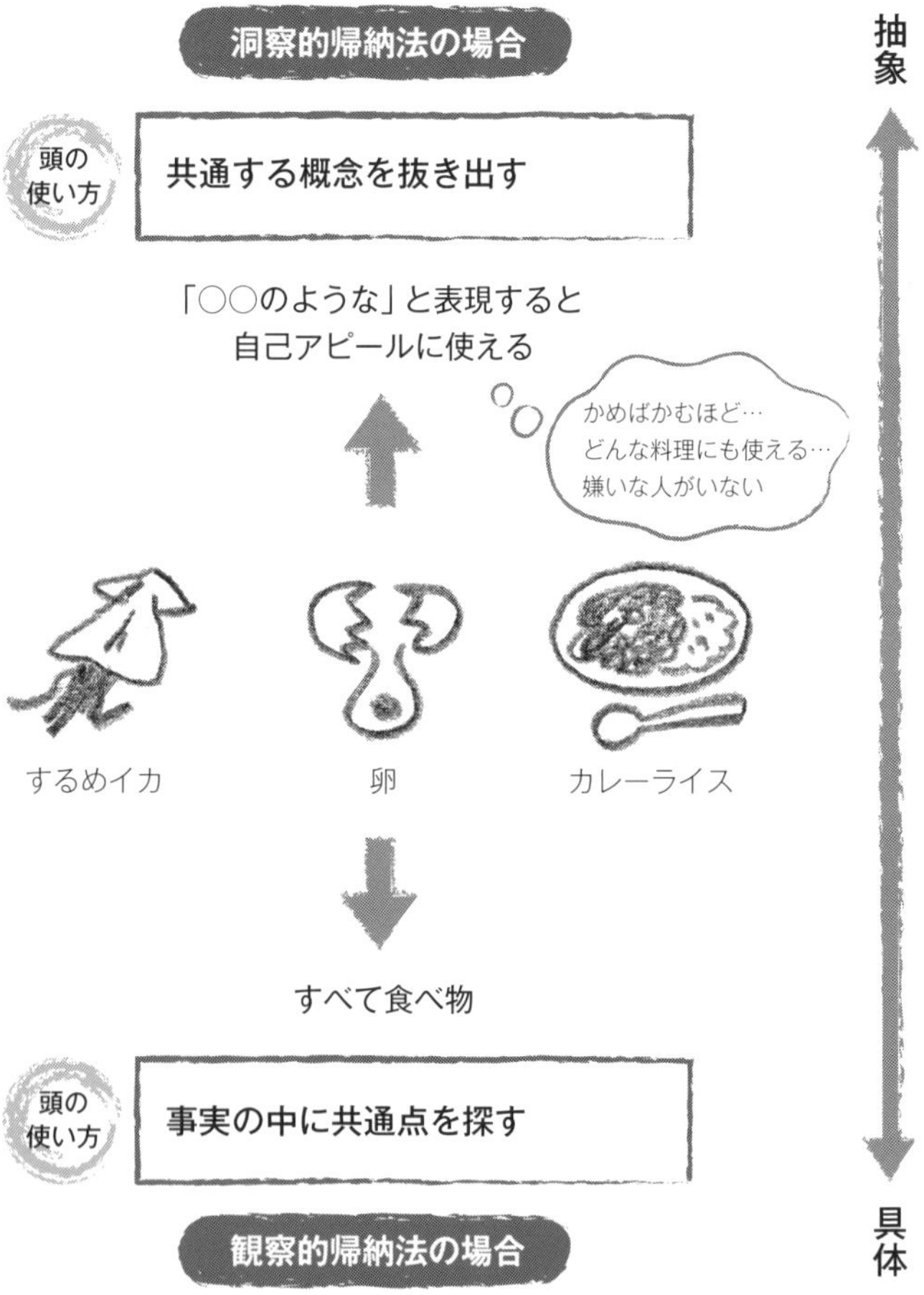

これらの「目に見えないもの」は、目に見えないだけに、なかなか気づきにくいのが難点だ。しかし「気づきにくい」ことは他の人も同様なのだから、もしあなたが「目に見えないもの」の共通点を発見できれば、他の人の一歩先を行く競争力になりやすい（図9）。

◆「抽象化」と「多面的な視点」とは？

それでは、どのような「頭の使い方」をすれば「目に見えない共通点」を発見することができるのだろうか？　そのカギは「抽象化」と「多面的な視点」の合わせ技にある。

「抽象化」とは「形のある実体」を手掛かりにしながらも、それに囚われることなく「形のない概念」に抜き出していくことを指す。たとえば「水→飲めるもの」が抽象化だ。

そして「多面的な視点」とは、抽象化で得た「概念」をさまざまな視点で捉え直すことを指す。たとえば「水＝飲めるもの・洗えるもの・火を消すもの」などが挙げられる。

こちらも、よりわかりやすく理解するために、別の例を使って解説しよう。

事実①：「お金」は使えば使うほど預金が減っていく。
事実②：「工場」は使えば使うほど老朽化していく。
事実③：「原材料」は使えば使うほど数が減っていく。

「お金」「工場」「原材料」は、物体としてみればまったくの別物であり、共通点がないように見える。しかしこれらの「物体」を、形に捉われることなく「形のない概念」に抜き出す頭の使い方をしてみよう。すると、さまざまな推論を巡らせるうちに、あなたは「この3つは、どれも企業にとっての資産である」ということに気がつけるはずだ。

そして「お金」「工場」「原材料」という物体から「企業にとっての資産」という概念を抜き出したことで、あなたは次のような「共通点」を発見したことになる。

共通点の発見：この3つの共通点は、どれも「企業にとっての資産」であることである。

しかし、ここで思考を止めてしまっては道半ばだ。今度は「企業にとっての資産」という概念に対して「多面的な視点」で捉え直してみよう。

「多面的な視点」の切り口は、たとえば次の通りだ（図10）。

- 「目的」と「手段」の視点
- 「原因」と「現象」の視点
- 「量」と「質」の視点
- 「論理」と「ハート」の視点

[図 10]

多面的な視点の例

①目的 vs 手段
②全体 vs 部分
③現象 vs 原因
④共通 vs 異質
⑤独立 vs 関係
⑥量 vs 質
⑦物理性 vs 意味性
⑧演出 vs 仕組み
⑨商品起点 vs 生活者起点
⑩ポジティブ vs ネガティブ
⑪メタファー vs アナロジー
⑫データ vs 物語
⑬自責 vs 他責
⑭消費 vs 投資
⑮論理 vs ハート
⑯フロー vs ストック
⑰連鎖 vs 階層
⑱正確さ vs わかりやすさ
⑲個別 vs グループ
⑳多面 vs 物量
㉑長期 vs 短期
㉒俯瞰 vs ズーム
㉓作用 vs 反作用
㉔トレンド vs ブーム
㉕理性 vs 感性
㉖現在起点 vs 未来逆算
㉗改善 vs 改革
㉘表 vs 裏
㉙効果 vs 効率
㉚影響 vs 副作用
㉛リターン vs リスク
㉜総合 vs 専門
㉝絶対 vs 相対
㉞クオリティ vs スピード
㉟フリ vs オチ

●「有形」と「無形」の視点…etc.

こうしてさまざまな視点を巡らせていくと、あなたは「お金」「工場」「原材料」の共通点が、企業の「有形の」資産であることに気がつくはずだ。すると、この3つの新たな共通点は、次の通りとなる。

共通点の発見：この3つの共通点は、どれも「企業にとっての有形資産である」ことだ。

STEP3 結論や法則を見いだす

ここまでくれば、あなたは「お金は、使えば使うほど価値が減っていく」「工場は、使えば使うほど老朽化していく」「原材料は、使えば使うほど減っていく」という3つの事実と照らし合わせることで、

結論（法則）：企業の有形資産は、使えば使うほど、価値が減る。

という「法則」を手に入れることができる。しかしあなたは、「企業の有形資産が、使えば使うほど減るのは当たり前じゃないか」と思ったのではないだろうか？

しかしすでに「気づく力」を手に入れたのであれば、企業の有形資産が、使えば使うほど価値が減るのは当たり前だが、では「企業の無形資産では何が言えるのか？」という疑問が思い浮かぶはずだ。

ここで「抽象化と多面的な視点の合わせ技」を復習するために「無形資産の例」も示そう。

事実①：「ノウハウ」は、使えば使うほど組織に定着する。
事実②：「特許」は、用途が広ければ広いほど資産価値が増える。
事実③：「リーダーシップ」は、使えば使うほどスキルが磨かれていく。
＋抽象化：この3つは、抽象化すれば「企業の資産」である。
＋多面的な視点：この3つは、多面的な視点で捉えなおせば「企業の無形資産」である。
共通点の発見：この3つの共通点は、どれも「企業にとっての無形資産」であることである。
結論（法則）：よって、企業の無形資産は、使えば使うほど価値が増える。

これであなたは「洞察的帰納法」を駆使して「企業の有形資産は使えば使うほど価値が減るが、無形資産は使えば使うほど価値が増える」という「法則」を手に入れたことになる。

STEP4 アナロジーを使って「法則」を応用する

最後となる「STEP4」では、アナロジー（類推）を使って帰納法によって得たさまざまな「法則」を他の分野へ応用する頭の使い方を学ぼう。

アナロジーとは、あなたが知っている「法則」を、別の分野に当てはめて応用することを指す。もしあなたが「洞察的帰納法」によって得た「法則」が、他の分野にも当てはまれば、その「法則」は確からしさが高く、かつ応用範囲が広いものになる。

では、今回あなたが得た、

結論（法則）：企業の無形資産は、使えば使うほど、価値が増える。

という法則を、他の分野に当てはめて応用してみよう。たとえば次の通りだ。

応用①：データ（という無形資産）は、使えば使うほど価値が増える。

応用②：コンテンツ（という無形資産）は、使えば使うほど価値が増える。
応用③：あなたの頭脳（という無形資産）は、使えば使うほど価値が増える。

こうして見ると「企業の無形資産は、使えば使うほど、価値が増える」という法則は、多くの無形資産に当てはまるため、極めて確からしさが高く、かつ応用範囲が広いことがおわかりいただけるはずだ。

このように、洞察的帰納法は「抽象化」と「多面的視点」をうまく取り入れることで、創造的な推論を可能にしてくれる。さらには、あなたがこれまで気づけなかった「法則」に気づけるようになり、他の分野に応用できるようになる。

もし「抽象化」や「多面的視点」ができなければ、「お金」「工場」「原材料」の共通点に思いが至らない。そして、アナロジーができなければ「これはこれ、あれはあれ」と個別にしか捉えることができない。その結果、推論の幅は広がらず「企業の無形資産は、使えば使うほど価値が増える」という法則の発見にも至らなかったはずだ。

◆洞察的帰納法の着眼点

洞察的帰納法を使いこなすには「見えている事実から発想する」のではなく「見えない抽象的な概念を発見して、そこから発想する」という頭の使い方を習慣にする必要がある。

その際には、次のような着眼点を持つことが有効だ。

事実から「見えないコンテクスト」を見抜く：たとえば「売上1000億円」は見えている事実だが、売上推移が上昇基調なのか？　下降基調なのか？　という「見えないコンテクスト」によって「売上1000億円」が持つ意味合いは大きく変わる。

事実から「見えないレベル感」を見抜く：たとえば「売上」は見えている事実だが、その「売上」を「中長期的な戦略レベルの話として捉える」のか？　それとも「月次の売上数値レベルの話として捉える」のか？　という「見えないレベル感」によって「売上」に対する意味合いは大きく変わる。

事実から「見えない関係性」を見抜く：たとえば「提案書」は見えている事実だが、「提出する相手が現場担当者」なのか、それとも「提出する相手が経営層クラス」なのか、という「見えない関係性」によって「提案書」に対する意味合いは大きく変わる。

事実から「見えない価値観」を見抜く：かつてバブル時代は「24時間、戦えますか？」というモーレツ社員が重宝される時代だったが、現在は「働き方改革」が叫ばれ「生産性の高い社員」が重視される時代だ。このように「働くこと」自体は見えている事実だが「見えない価値観」の変化によって、正しい働き方の在りようは180

度変わる。

事実から「見えない感情」を見抜く：芸能人の浮気報道があると、その芸能人に対する感情は一夜にして変わることがある。昨日と今日でその芸能人自体が変わったわけではないが「その芸能人に対する感情」は大きく変わる。

☞このように「芸能人」という「見えている事実」は変わらなくても「見えない感情」が変わることで、物事の価値が大きく変わることがある。これはビッグデータ（見えている事実）と、その背景にある消費者心理や感情（見えていないもの）にも当てはまる。

このように「見えている事実から、見えない概念を見抜き、そこから発想する」ことができれば、これまでには得られなかった新たな発見がもたらされる。

◆何をやらせても優秀な人

ビジネスの世界では「何をやらせても優秀な人」が存在するが、「何をやらせても優秀な人」の共通点は、どんな些細な事実からも「見えないもの」を見抜き、それらを洞察的帰納法で「法則化」し、さまざまな分野に応用する習慣を持っていることだ。

こういう人は「遊ぶことでビジネスのヒントが得られる」などと語ることが多いが、これなどは遊びから得た「法則」を、ビジネスという異なる分野に当てはめて応用できる、という意味だ。

また、経営者が好んで「戦国武将の本」や「スポーツ監督の本」を読むのも、異なる分野から得た「法則」を自社のビジネスに応用して活かしたいと考えているからだ。

このように、洞察的帰納法に長《た》けている人は、あらゆる物事から「法則」を得て、異なる分野に応用する習慣を身につけている。このため、洞察的帰納法ができない人と比べて、一つの経験から得られる学びの量が数倍多いのが特徴だ。

また、他業界の成功事例も「法則化」して自社に応用して考えることができるため、発想の幅が広いのも特徴だ。ブレーンストーミングなどをしていても、過去の事例や他業界の事例などさまざまな事例を自社に当てはめて考えることができる。

このように、あなたが洞察的帰納法を経て発見した「法則」を、アナロジーを使ってさまざまな分野に当てはめていくことができれば、あなたは「見えている世界」を何倍にも広げ「何をやらせても優秀な人」に近づくことができるはずだ。

08

ビジネスに帰納法を活かす方法

どんなに「帰納法の頭の使い方」を理解したとしても、ビジネスの現場で活用できなければ成果は得られない。よって、ここからは「帰納法をビジネスに活かす方法」について解説しよう。

帰納法は「複数の事実から共通点を発見して結論を導き出す推論法」であることから、ビジネスにおける次のような局面と相性が良い。

- 世の中の機運を捉えて、ビジネス機会を発見する。
- 市場の環境を分析して、戦略を策定する。
- ライフスタイルの変化を捉えて、コンセプトワークに活かす。
- 複数の事実を根拠に、提案をする。
- 複数の事実から、問題の根本原因を発見する。

以下、一つずつ解説していこう。

世の中の機運を捉えて、ビジネス機会を発見する　方法①

もしあなたが経営陣から「今後の我が社を担うような新事業を考えろ！」と命じられたら、あなたはまず手始めに、何をするだろうか？

一般に成功しやすいビジネスとは「充分に市場の拡大が見込め」「強い競合が存在せず」「自社の強みが発揮できる」ビジネスであるとされる。だとすれば、あなたがまず考えるべきは「市場動向」であり、その結論を出すには「世の中の機運」を見極めなければならない。

しかし当たり前のことだが、世の中にはさまざまな機運が数えきれないほど存在する。その中には、大きな流れとしてやがて定着する機運もあれば、一過性のブームとして終わってしまう事柄もある。

このような玉石混交の世間の動きの中からビジネス機会を発見するには、「この流れは一過性で終わらず長く続き、やがて定着していくはず」と信じるに値する根拠が求められる。その際に有効なのが帰納法を活用した推論だ。

仮に、あなたが教育産業の新規事業担当者だったとしよう。先述した「ＰＥＳＴ分析」(→62ページ)のフレームワークを用いれば政治・経済・社会・技術の分野で、数えきれないほどの「世の中の機運」が発見できるはずだ。

しかし、ただこれだけでは「数多くの情報を集めた」だけであり、単なる「穴埋め問題」でしかなく、何の役にも立たない。今あなたに必要なのは「数多くの情報」から得られる「確実性の高いビジネス機会」だ。

◆確実性を高めるには

「確実性の高さ」とは「結論に対する根拠の多さ」であり、逆を言えば「複数の事実が一つの共通した結論に向かっている」とき「確実性が高い」と見なすことができる。そしてここまでお読みになればお気づきだと思うが、これは帰納法の推論ロジックとまったく同じだ。

たとえば、あなたは数多く収集した情報の中から、次のような情報に着目したとしよう。

教育機関を取り巻く機運（事実）

政治的側面：現在文部科学省では、産業構造・就業構造の変化や技術革新に対応する組織的な学習機会を提供するため、リカレント教育（社会人の学び直し）推進事業を展開している。
経済的側面：２０１１年以降、２人以上の勤労者世帯の年間収入は伸び続けている。
社会的側面：１９９７年以降、共働き世帯数は増加し続けており、女性の社会進出が続いている。

技術的側面：スマートデバイスやIoTの進化により、海外ではMOOC（大規模公開オンライン講義）が盛んになりつつある。

これらの事実に「抽象化」「多面的視点」を加えると、たとえば以下のような共通点（ビジネス機会）が得られるはずだ。

共通点の発見（ビジネス機会）：働く女性に対して、スマートデバイスを通してリカレント教育を提供する。

より理解を深めるために、別の例も示そう。もしあなたが自動車産業の新規事業担当者なら、次のようなビジネス機会を考えることも可能だ。

自動車業界を取り巻く機運（事実）

政治的側面：自動車業界ではESG（環境・社会・ガバナンス）やSDGs（持続可能な開発目標）の流れを受けて、よりクリーンなエネルギーや住み続けやすい街づくりが求められている。

経済的側面：国内の新車販売台数は減少傾向にある一方で、マイカーリースやレンタカー、カーシェアリングの需要は伸びている。
社会的側面：若者の車離れ、高齢者ドライバー問題、危険運転や渋滞問題が表面化している。
技術的側面：IoT技術や位置情報技術、自動運転技術が実用化しつつある。
共通点の発見（ビジネス機会）：無人自動運転での移動を社会インフラとして提供するサービス。

このように「政治的な機運」「経済的な機運」「社会的な機運」「技術的な機運」というPEST分析の4つの視点を踏まえ、概念化や多面的な視点を通して共通点を発見することができれば、より確実性の高いビジネス機会の発見が可能になる。

市場の環境を分析して、戦略を策定する　方法②

戦略とは、突き詰めれば「選択と集中」だと言われる。なぜなら、どのようなビジネスも投入できるリソース（ヒト・モノ・カネ）には限りがあるからだ。そして限りあるリソースで最大の効果を目指すには、最も効果が見込める分野を「選択」し、「集中」させることで投資インパクトを創出しなければならない。

もし戦略がなければ、「選択と集中」がないのだから「何を頑張ればいいのかわからない」状態となり、リソースの配分は総花的になる。その結果、施策は砂漠に少しずつ水を撒《ま》くような散発的なものになり、その成果は乏しいものになる。

あらゆるビジネスは、戦略がビジネスの方向性を決め、戦術がその方向性を加速させる役割を担う。だとすれば、もし戦略を間違えれば、ビジネスの方向性は狂い、そこから繰り出される戦術は、ビジネスを間違った方向に加速させてしまうことになる。

◆優れた戦略の生み出し方

このように、戦略はビジネスの世界で極めて重要な考え方だが、優れた戦略を立てる上で必要不可欠なのも「帰納法」だ。

優れた戦略とは「市場機会が存在し」「競合企業に弱みが存在し」「自社の強みが活かせる」領域を発見・選択し、経営資源を集中させることだ。これは帰納法の文脈に当てはめれば「複数の事実をもとに、これら3つの共通点を発見すること」ともいえる。

戦略は「3Cフレームワーク」に「帰納法」を組み合わせることで考えやすくなる。たとえば次のような手順だ。

事実を捉える

事実①　Customer（市場・顧客）：市場・顧客の市場機会を明らかにする。
事実②　Competitor（競合）：競合の弱みを明らかにする。
事実③　Company（自社）：自社の強みを明らかにする。

共通点を発見する

共通点：「市場機会」「競合の弱み」「自社の強み」が重なる領域を発見する。

結論を出す

結論：右記3つが重なる度合いが高い領域を発見・選択し、優先順位を評価した上で経営資源を集中する。

このように「3Cフレームワーク」と「帰納法」を合わせ技で使いこなせば「市場機会が存在し」「競合企業に弱みがあり」「自社の強みが活かせる」領域を発見することが可能になる。

ライフスタイルの変化を捉えコンセプトワークに活かす　方法③

あるアイデアを具体的な形にしていく作業であるコンセプトワークは、商品やサービスを開発する上で、極めて重要な取り組みだ。なぜなら、コンセプトとは端的に言えば「実体と概念の組み合わせで物事の在り方を決めたもの」であり、商品やサービスを開発する上で最初に行われるステップだからだ。

商品開発は「こんなものがあれば社会に役立つ」「こんなものがあれば売れるはず」など、「こんなもの」という「在り方」を決めることから始まる。

そしてコンセプトワークの次に「こんなもの（＝商品やサービスの在り方）」を実現するために、どのような「モノの働き」が必要かを決める。これが「機能設計」だ。

さらに機能設計を終えたら、それらの機能を「どんな姿・形で実現していくか？」という「意匠・デザイン設計」のステップが続くことになる。

このように、商品・サービス開発のステップを見てみると、その立脚点は「在り方」を決定づける「コンセプトワーク」となる。なぜなら、コンセプトとは「概念と実体で在り方を決めること」なのだから「在り方」が変わればその後の「モノの働き（＝機能）」や「形（＝意匠・デザイン）」の設計も変わりうるからだ（図11）。

[図11]

商品開発の手順

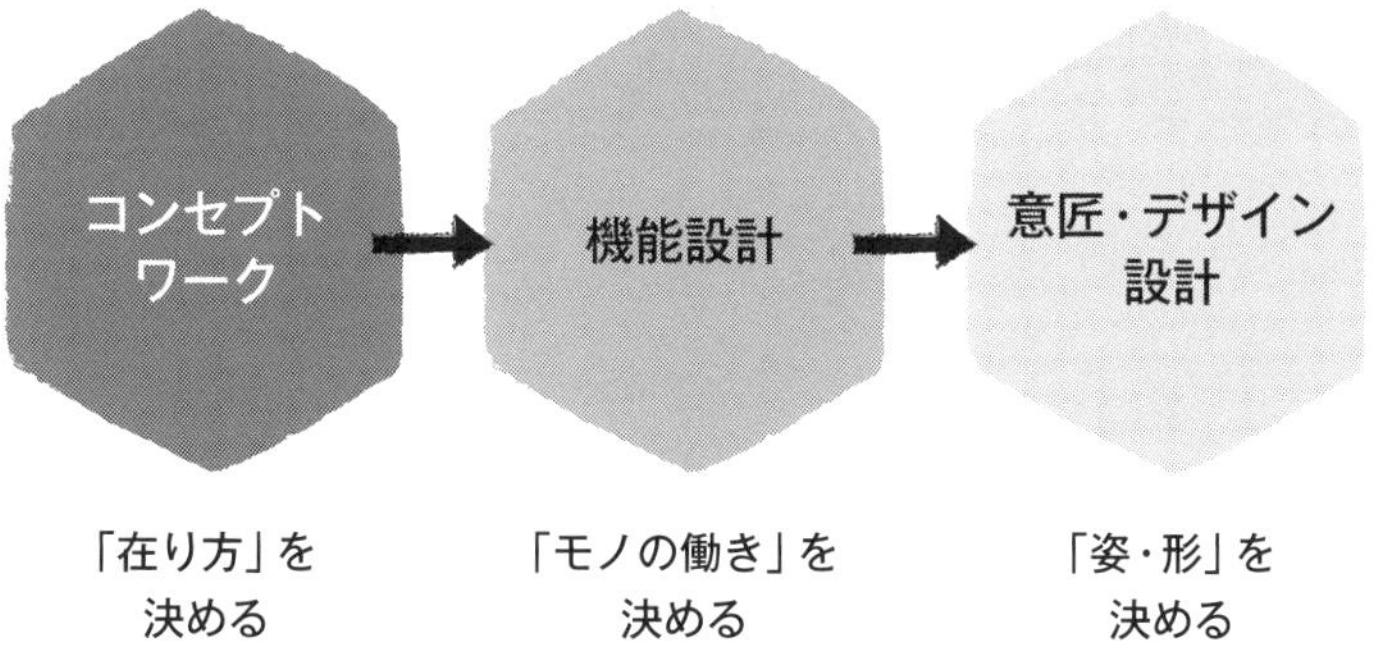

また、コンセプトは顧客に対して価値を生み出す源泉でもある。

今、あなたの傍らには、スマートフォンがあるはずだ。しかし、もし仮にスマートフォンを見たことがない先住民がスマートフォンを手に取ったら、その先住民はどう感じるだろうか？

あなたにとっては片時も手放せないスマートフォンだが、先住民にとっては狩りや採集にも農作業にも使えない、単なる「板状の固形物」でしかない。しばらくは興味を持つだろうが、いずれ手に取るのをやめて放置されることになるだろう。

なぜこのようなことが起こるかといえば、先住民が認識しているのは「板状の固形物」という「実体」のみであり、「インターネットで情報が取れる」「遠隔でコミュニケーションが取れる」「写真が撮れる」などの「概念」を理解していないからだ。

あらゆる物事は「実体」と「概念」を切り離して考えることができる。そして単なる「実体」だったものに「これまでにない概念」を吹き込むことができれば、そこに新しい価値が生まれる。

◆コンセプトワークと洞察的帰納法

「実体」は企業側にとっての事実だ。そして1つしかない。しかし「概念」は生活者側の認識であり、無限に存在する。そして生活者側に無限に存在する「概念」のうち、どの部分を切り取って「実体」である商品やサービスと結び付け価値を生み出すか？　がコンセプトワークの勘所となる。

ここでぜひ思い出していただきたいのは、前節で述べた「洞察的帰納法」だ。

洞察的帰納法には「形のある実体」を手掛かりにしながらも、それに囚われることなく「形のない概念」に抜き出していく「抽象化」のステップと、抽象化で得た概念をさまざまな視点で捉え直す「多面的な視点」の手順が含まれていたはずだ。だとすれば「洞察的帰納法」は、コンセプトワークと極めて相性がいいことになる。

例を使って解説しよう。あなたがアパレル企業の新ブランド立ち上げ担当者だったとしよう。あなたはさまざまなライフスタイルのトレンドを読み解き、トレンドに沿った新ブランドを立ち上げなければならない。
そして、あなたは数多くのライフスタイルトレンドの中から、次のようなトレンドに着目したとしよう。

事実（トレンド）①：起業・フリーランス・リモートワークなど、これまでの枠組みに囚われない、個人の自由を尊重した生き方・働き方が広がっている。
事実（トレンド）②：フェイスブックやツイッター、NewsPicks の実名投稿・個人ブランディングなど、所属企業・団体よりも個人がブランドになる風潮が広がっている。
事実（トレンド）③：ソーシャルメディアの台頭により「縦型ヒエラルキー」が崩れ、「同じ立場で横でつながる」社会が浸透しつつある。

これらのライフスタイルトレンドを抽象化し、多面的視点で捉え直すと、次のような共通点を見いだすことができる。

共通点の発見：この3つの共通点は「所属に縛られるのではなく、常に独立心を持っていたい」という機運である。

だとすれば、ブランドのコンセプトは次のようなものになるはずだ。

結論（コンセプト）：所属に縛られない独立心を象徴する服。

このように「洞察的帰納法」を使いこなせば、あなたは複数の事実（トレンド）から概念（共通点）を抜き出すことで、新しい価値（コンセプト）を生み出すことが可能になる。

複数の事実を根拠に、提案をする　方法④

もしあなたがビジネスパーソンなら、何かを提案する際に、一度や二度は次のような指摘を受けたことがあるはずだ。

「で？　結局のところ、君はどうしたいの？」

「話が長い……。もう少しポイントを絞って説明してくれないか？」

「なぜそう思ったの？　それはあなたの単なる思いつきでは？」

ビジネスには投資が伴う以上、常に説明責任が求められる。ましてや「提案」ともなれば、根拠に基づいた説明は必要不可欠だ。

帰納法は「複数の事実を元に結論を出す」という性質上、「複数の事実を根拠に提案する」

という「提案」との親和性が高い。

もしあなたが帰納法でもって「提案（結論）」と「根拠（複数の事実）」を明確にできれば、まずは結論を説明し、その根拠として複数の事実を説明していくだけで済むようになる。別の言い方をすれば、シンプルかつロジカルに説明できるようになるということだ。

これは提案される側にとっても、「結論」に対して「なぜ、そう言えるのか？」というロジックが明確になるため、あなたの提案を体系的に理解しやすくなる。

こちらも、例を用いて解説しよう。

もし、あなたが企業の新規事業担当者だったら、としよう。あなたは「カジュアルギフト市場」に目を付け、経営陣に対して「自社はカジュアルギフト市場に参入すべきだ」という提案をしたいと考えたとする。

しかし、どんなにあなたが「自社はカジュアルギフト市場に参入すべきだ！」と主張したところで、何の根拠もなければ「単なるあなたの思いつき」でしかない。これでは提案は通らない。

よって、あなたは経営陣に対して「根拠のある提案」をするために情報収集を行い、以下のような事実を見いだしたとしよう。

事実①　市場の視点：カジュアルギフト市場は、市場規模が拡大している。

事実② 競合の視点：カジュアルギフト市場は、資本力のある強い競合企業が存在しない。

事実③ 自社の視点：カジュアルギフト市場は、自社のサービス上の強みが活かせる。

これらの事実から共通点を発見し、提案に活かすと次のようになる。

共通点の発見：この3つの共通点は「カジュアルギフト市場は、自社にとって魅力的な市場である」ことである。

結論（提案）：自社はカジュアルギフト市場に参入すべきだ。

これで、あなたの提案は、より説得力を伴うものになるはずだ。

論理的思考の世界には、論理の整合性をチェックするために「Why So？（なぜそう言える？）／So What？（だから何？）」というやり方がある。これを今回の例に当てはめると、

Why So？に当てはめる

提案：「自社はカジュアルギフト市場に参入すべきだ」

根拠：「カジュアルギフト市場は、自社にとって魅力的な市場だから」

「Why So？（なぜそう言えるのか？）」
カジュアルギフト市場は、市場規模が拡大しているから。
カジュアルギフト市場は、資本力のある強い競合企業が存在しないから。
カジュアルギフト市場は、自社のサービス上の強みが活かせるから。

So What？に当てはめる

事実①：カジュアルギフト市場は、市場規模が拡大している。
事実②：カジュアルギフト市場は、資本力のある強い競合企業が存在しない。
事実③：カジュアルギフト市場は、自社のサービス上の強みが活かせる。

共通点：カジュアルギフト市場は、自社にとって魅力的な市場である。

「So What？（だから何？）」
提案：「自社はカジュアルギフト市場に参入すべきだ」

となる。このように、もしあなたが「帰納法」をうまく使いこなせば、単なる思いつきでない「複数の根拠に基づいた、説得力の高い提案」ができるようになるはずだ。

複数の事実から、問題の根本原因を発見する　方法⑤

あらゆるビジネスが不確実な未来に向かってなされる以上、「問題が発生しない」ことはありえない。そして問題には、必ずそれを生じさせている原因が存在し、その原因に対して解決策を講じない限り、すべての施策は対症療法止まりとなる。その結果、施策の効果は限定的なものになり、根本原因が解決されていない以上、いずれ同じ問題が再発してしまう。

そして「問題と原因の関係」とは「目に見える現象と目に見えない背景」の関係でもある。よって、問題そのものは「目に見えた」としても、問題を生じさせている原因は「目に見えない」ため、「推論」を働かせない限り問題の真因に辿り着くことはできない。

別の言い方をすれば、問題を生じさせている原因を突き止めるには、複数の断片的な手掛かり（目に見える現象）から、その背景（目に見えない原因）を見抜く必要がある。その際に必要なのが「複数の事実から共通点を発見して結論を導き出す推論法」である帰納法だ。

こちらも、例を挙げて解説しよう。

たとえば、あなたがある雑貨ショップ企業のマーケティング担当者だったと仮定しよう。

あなたは売上低迷という問題に悩んでおり、詳細に分析したところ以下の事実がわかったとする。

事実①：郊外のショッピングセンターに出店しているショップの売上は伸びている。

事実②：都心の駅ビルに出店しているショップの売上が低迷している。

事実③：ＥＣサイトでの売上が低迷している。

このような事実に対して、あなたはどのような問題解決策を考えるだろうか？　右記の事実だけを見れば、あなたは「駅ビルに出店しているショップ」と「ＥＣサイト」のてこ入れ策を考えることになるだろう。

しかし「洞察的帰納法」を使って、これらの事実を「抽象化」し、さらに「多面的な視点」で捉え直せば、次のような傾向に気がつけるはずだ。

抽象化&多面的視点①：郊外のショッピングセンターの顧客層は30～40代のファミリー層が多い傾向がある。

抽象化&多面的視点②：都心の駅ビルの顧客層は20代の若者層が多い傾向がある。

抽象化&多面的視点③：ＥＣサイトの顧客層は20代の若者層が多い傾向がある。

そして、これらの傾向を先ほどの3つの事実に照らし合わせて考えれば、次のような結論を導くことができる。

結論（問題の根本原因）：自社の雑貨ショップは若者離れが進み、顧客層が高齢化している。

もし、雑貨ショップの売上低迷の根本原因が「若者離れ」だとしたら、いくら目に見える問題である「ECショップの売上低迷」や「駅ビルショップの売上低迷」に個別に取り組んだとしても、それらは対症療法にしかならないことは、おわかりいただけるはずだ。

逆に、より根本的で目に見えない問題である「若者離れ」を解決することができれば、「ECショップの売上低迷」と「駅ビルショップの売上低迷」の両方を、根本から解決できる。

また、別の例を示そう。

事実①：郊外のショッピングセンターに出店しているショップの売上は伸びている。

事実②：都心の駅ビルに出店しているショップの売上は伸びている。

事実③：ＥＣサイトでの売上が低迷している。

この例の場合、今度はショッピングセンターも駅ビルも売上が伸びているのに、ＥＣショップだけ売上が落ちているという状態だ。さて、あなたは「洞察的帰納法」を駆使して、どのような根本原因に辿り着けるだろうか？

こちらも先ほどと同様に「洞察的帰納法」を使って、事実を「抽象化」し「多面的な視点」で捉え直してみよう。たとえば以下の通りだ。

抽象化＆多面的視点①：郊外のショッピングセンターは、たまたま店の前を通る人についで買いで買ってもらえる。

抽象化＆多面的視点②：都心の駅ビルは、たまたま店の前を通る人についで買いで買ってもらえる。

抽象化＆多面的視点③：ＥＣサイトは、ブランド名を指名して検索してもらわないと買ってもらえない。

これらの傾向を先ほどと同様に3つの事実に照らし合わせて考えれば、次のような結論を導くことができる。

結論（問題の根本原因）：自社の雑貨ショップは、ブランド力（指名買いされる力）が低下している。

こちらも、もし雑貨ショップの売上低迷の根本原因が「指名買いされる力の低下」だとしたら、いくら「目に見える問題」である「ECショップの売上低迷」に取り組んだとしても、根本的な解決にはならない。

このように帰納法は、何か問題が生じた際に、断片的な事実から根本的な原因を見抜く上で必要不可欠な推論法だ。

ビジネスの世界には、少ない情報量から数多くの仮説を生み出し問題解決行動を起こせる「一を聞いて十を知る」人が存在するが、それができるのは「洞察的帰納法」をマスターし、頭の中で使いこなす術《すべ》を心得ているからだ。

09

帰納法をトレーニングする方法

続いては、帰納法のトレーニング方法について解説しよう。

帰納法は、単にその方法論を理解しただけでは使いこなせるようにならない。なぜなら帰納法は「知識」ではなく「運用能力」であり、身につけるために必要なのは「勉強」ではなく「日々のトレーニング」と「習慣化」だからだ。

一方で、無理な努力は長続きしない。あなたも「英語の勉強」や「ダイエット」などで、努力が続かなかった経験がおありだろう。「努力をするのは大切なこと」と考えるのは美徳だが、続けるために重要なのは「努力をすること」以上に「努力をしなくても済む工夫」をすることだ。

そのためには「帰納法のトレーニングのための時間をつくる」のではなく「今ある習慣の中に帰納法を組み込む」のが賢いやり方だ。よってここからは、今ある習慣の中に帰納法を組み込み、トレーニングする方法について解説しよう。

職場の問題を帰納法で解決する

帰納法トレーニング①

突然の質問で恐縮だが、あなたが勤めている組織は100%完璧な組織だろうか？

多くの読者は、諸手《もろて》を挙げて「Yes」とは答えられないはずだ。なぜなら「100%完璧な組織」とは「問題ゼロの組織」と同義だが、「問題ゼロの組織」など、論理的にありえないからだ。

「問題」とは「理想の状態と現実の状態とのギャップ」のことを指すが、そこには大きく分けて3つの視点が存在する。

「発生型」の問題：すでに発生してしまっている問題。
「潜在型」の問題：今後発生するであろう問題。
「設定型」の問題：今より高い理想に近づけるために設定した問題。

こうして「問題」を3つの視点で捉え直してみると、たとえ今の段階で組織の問題がゼロに見えたとしても、今よりも高い理想を追求し続ける限り「設定型の問題」は永遠になくならないことがわかる。

このように、あなたの組織を含め、世の中の組織には必ず何らかの「問題」が存在する。だとすれば「組織の問題を解決する業務に帰納法を組み込む」ことができれば、毎日の仕事が「帰納法のトレーニングの場」に変わるはずだ。

◆仕事を動かすのは「権限」ではなく「提案」

もしかしたらあなたは、組織の問題解決を「自分は職制上の権限がないから」とあきらめてしまっているかもしれない。しかし仕事を動かしていくのは、本質的には「権限」ではなく「提案」だ。

「権限」は強い強制力を伴うため、一見「話が早い」ように思える。しかし権限は組織の中に「動かす側」「動かされる側」というWin-Loseの構図をつくってしまうため、やがて「動かされる側」は指示待ちとなってしまう。

しかし「提案」は、それが誰にとっても素晴らしいものであればWin-Winの構図をつくることができる。そして権限を持った意思決定者を含む多くの人たちがあなたの「提案」に賛同を示せば、組織を大きく変えていくことも可能になる。

意思決定者は、たとえ「権限」があったとしても「優れた提案」がなければ、権限をふることができない。もし、あなたの「提案」が本当に優れた提案なら、意思決定者を味方につけ、組織全体の変革につなげていくことすら可能になる。

このように「提案」はあなたにとって有益な「帰納法のトレーニングの場」であるだけでなく、あなたの組織に対しても価値ある変化をもたらすことができるはずだ。

◆職場をトレーニングの場にする2ステップ

それでは、具体的にあなたの職場を「帰納法のトレーニングの場」に変えるには、何が必要だろうか？　大きく分けると、次の2つのステップが必要だ。

STEP1：フレームワークを使って、問題を発見する。
STEP2：帰納法を活用して、提案ロジックを考える。

まずは「STEP1：フレームワークを使って問題を発見する」について解説しよう。

物事は、ただ漫然と全体を眺めているだけでは、有益な示唆は得られない。なぜならこの世に存在する多くの物事は、さまざまな構成要素が複雑に絡み合って成立しているため、ただ漫然と全体を眺めるだけでは、一つ一つの構成要素や、構成要素間の関係がつかめないからだ。

しかし、世の中にあるさまざまなフレームワークは、物事を捉える際に有効な「複数の視点」や物事を成立させている「構成要素」を提供してくれる。もしあなたがフレームワークを有効に使いこなせば、多くの気づきを得るだけでなく、気づきを得るスピードも格段に上がるはずだ。

特に、次のようなフレームワークをマスターしておくとよいだろう（図12）。

これらのフレームワークを用いて、意識的に自社の戦略や組織、あるいは業務・財務を眺めれば、ただ漫然と全体を眺めるより、はるかに多くの気づきや問題を発見できるようになるはずだ。

そしてさまざまな気づきや発見を得たら、続いては「STEP2：帰納法を活用して提案ロジックを考える」に移ろう。

もしあなたがフレームワークを駆使した結果、あなたの企業が抱える問題として「業務生産性の低下」に気づいたとしよう。そして、この問題の解決策として「リモートワークの導入」という仮説を立てたとする。しかし、ただ単に「リモートワークを導入してみたらどうですか？」だけでは帰納法のトレーニングにならない。

あなたの目的は「日々の業務を通して帰納法をトレーニングすること」なのだから、ぜひ「社内提案」の局面で「帰納法」を取り入れ、より説得力のある提案を目指したいところだ。

そこであなたは、QCD（品質・コスト・スピード）というフレームワークで事実を整理し、帰納法を使って推論を組み立てたとしよう。

[図 12]

覚えておきたいフレームワーク一覧

事業環境面の問題発見に使う

PEST	「政治的要因」「経済的要因」「社会的要因」「技術的要因」
ファイブフォース	「買い手の交渉力」「売り手の交渉力」「新規参入者の脅威」「代替品の脅威」「市場内の競争の脅威」
3C	「市場・顧客」「競合」「自社」
4P	「商品」「価格」「流通」「プロモーション」

組織面の問題発見に使う

7S	●ハードの 3S：「戦略」「組織構造」「仕組み・制度」 ●ソフトの 4S：「理念」「組織文化」「人材」「スキル」
Will・Can・Must	「やりたいこと」「できること」「やるべきこと」
カッツモデル	「業務遂行能力」「対人関係能力」「概念化能力」

オペレーション・業務プロセス面の問題発見に使う

バリューチェーン	●**主活動**：「購買物流」「製造」「出荷物流」「マーケティング」「販売」「サポート」 ●**支援活動**：「調達」「技術開発」「人材管理」「業務インフラ・システム」
QCD	「品質」「コスト」「スピード」
PDCA	「計画」「実行」「チェック」「修正」

コスト・財務面の問題発見に使う

固変分解	「固定費」「変動費」
直間費	「直接費」「間接費」

業務品質：リモートワークを導入すれば、業務の品質が上がる。

☞なぜなら、リモートワークを導入すれば、妨害のない環境で必要な業務に集中して取り組めるようになるから。

☞なぜなら、リモートワークを導入すれば通勤時間がなくなり、プライベートの時間が増えることでメンタルヘルスにプラスの効果が見込めるから。

業務コスト：リモートワークを導入すれば業務のコストが下がる。

☞なぜなら、リモートワークを導入すればデスクやイス、キャビネットなどの備品類のコストが削減できるから。

☞なぜなら、リモートワークを導入すれば、光熱費を初めとした固定費部分が削減できるから。

業務スピード：リモートワークを導入すれば、業務のスピードが上がる。

☞なぜなら、リモートワークを導入すれば、チームメンバーの居場所に縛られずにミーティングができるようになるから。

☞なぜなら、リモートワークを導入すれば、物理的な移動の時間を減らせるから。

共通点の発見：リモートワークを導入すれば、業務の生産性低下の問題を解決できる。
結論（提案）：よって、リモートワークを導入すべきだ。

このように、組織の中に必ず「問題」が存在する以上、そこには「提案」の余地がある。そして「提案」の余地がある以上「帰納法」を活用する局面は数多く存在する。

もしあなたが「帰納法の運用能力」をマスターしたいなら、ぜひ、職場の問題を発見し、解決策を考える際に帰納法を使う習慣をつけよう。

見聞きした物事で「思考実験」をする

帰納法トレーニング②

あなたの目の前には、あなたの学びにつながる物事があふれている。しかしそれらの物事からどのような気づきを得て、応用可能な「法則」に進化させられるかは、あなたの「思考実験」の習慣しだいだ。

もしあなたが電車で通勤しているなら、車窓にはさまざまな「人が住んでいる家」「建築途中の家」「リフォーム中の家」「空き家」などが、流れ去っているはずだ。

しかしそれらを「思考実験のための材料」として捉えるか、それとも「単なる過ぎ去る風景」として見逃すかで、あなたの成長スピードは劇的に変わる。

ただ漫然と「家」を眺めているだけでは、一つ一つの構成要素や、構成要素間の関係をつかむことはできない。そのことをすでに学んでいるあなたは、通勤ついでに「家」を題材にした思考実験をし、次のように考えたとしよう。

- 家＝基礎部分＋上物部分

すでに洞察的帰納法の「頭の使い方の手順」を学んでいるあなたは「家＝基礎部分＋上物部分」を抽象化し、次のような概念として捉え直すことができるはずだ。

- 物事＝根本的で変えにくい部分＋表層的で変えやすい部分

そしてさらに、抽象化で得た「概念」をさまざまな視点で捉え直す「多面的な視点」の重要性を理解しているあなたは、多面的な視点を駆使して「この概念はほかにも当てはまらないか？」と考えたとする。たとえば次の通りだ。

事実①：法律は、一般法（根本的で変えにくい部分）と特別法（表層的で変えやすい部分）でできている。

事実②：人の見た目は、体（根本的で変えにくい部分）と服（表層的で変えやすい部分）でできている。

事実③：技術は、基礎技術（根本的で変えにくい部分）と応用技術（表層的で変えやすい部分）でできている。

共通点の発見：物事には「根本的で変えにくい部分」と「表層的で変えやすい部分」の2つの側面が存在する。

こうしてみると、通勤途中の「家」を題材にして得た「物事には、根本的で変えにくい部分と、表層的で変えやすい部分の2つの側面が存在する」という「法則」は、家に限らず幅広い分野に応用可能で、再現性も高いことがわかる。

ここまでくれば、あなたはここで得た「法則」を、業務に活かしていくことが可能になる。たとえばPDCAが議論になった際に、「今すぐ実行に移してPDCAを回して改善していくべきだ」という主張に対して、その主張は「表層的で変えやすい戦術部分」にのみ当てはまる主張であると見抜くことができる。

そして、物事には「根本的で変えにくい部分」も存在すると理解しているあなたは、拙速に実行に移してPDCAを回すのではなく、まずは「根本的で変えにくい部分」である「戦略」を練り上げた上で、戦術部分のＰＤＣＡを回すべきだ、と主張できるようになる。

このように、「洞察的帰納法」は「思考実験」を習慣にするだけで「通勤時に車窓に流れ去る家」ですら、あなたの学びに変えてくれる。

もしあなたが帰納法をマスターしたいなら、あなたが見聞きする物事を「思考実験」の対象として意識的に捉えてみよう。そうすれば、そこから得られた「法則」が、ビジネスのさまざまな局面で役に立ってくれるはずだ。

10

帰納法の応用テクニック

推論の弱点を利用

例外から可能性を広げる

最後に、帰納法の応用テクニックについて解説しよう。

帰納法は、ややもすれば「論理的思考の論理展開パターン」として「推論の妥当性」に目が向けられがちだ。しかし、ビジネスには正解が存在しない以上「推論が正しいから、ビジネスがうまくいく」とは限らない。むしろこれからの時代には「これまでの論理とは異なるやり方」が求められているとさえ、言えるだろう。

もしあなたが帰納法をマスターすれば、「正しく推論する」だけでなく「推論の弱点をうまく利用する」ことができるようになる。別の言い方をすれば、帰納法を使って「共通点を根拠に結論を出す」だけでなく「例外を発見して可能性を広げる」こともできるようになる。

◆例外を見つける視点

このことをよりわかりやすく理解するために、例を交えて解説しよう。まずは、次の例を見てほしい。

事実①：三洋電機は２０１１年に白物家電事業を海爾集団（ハイアール）に売却した。
事実②：東芝は２０１６年に白物家電事業を美的集団に売却した。
事実③：シャープは、２０１８年に白物家電の国内生産から撤退した。

共通点の発見：この3つの共通点は、日本における白物家電ビジネスの衰退である。

しかし、この帰納法から得た推論には例外が存在する。それがアイリスオーヤマの躍進だ。アイリスオーヤマは白物家電や日用品の生産・販売を通して、年商４０００億円超にまで成長している企業だ。「なるほど家電」というコンセプトを掲げ、「あったら便利」という家電を開発し、数々のヒットを飛ばしている。

これまで多くの家電メーカーは、高い技術力を武器に新たな機能を「足し算」することで差別化を図ってきた。しかし、アイリスオーヤマは徹底的な顧客目線を通して、顧客が本当に求めている「他にはない機能」を盛り込み、その他の機能は「引き算」することで低価格化を実現している。

このように、帰納法は「例外」に着目すると、時代をアップデートし、新たな発想を生み出す種になる。

この例の場合「日本の白物家電は衰退している」のではなく「白物家電の競争軸が、高い技術力から顧客目線に変わった」という別の可能性が見えてくるはずだ。

第二章のまとめ　７つのポイント

1 帰納法とは「複数の事実から共通点を発見して結論を導き出す推論法」のことを指す。

2 帰納法とは「観察を通して直接的に共通点を発見する観察的帰納法」と「洞察を通して共通点を発見する洞察的帰納法」の2つがある。

3 真に意味がある成長とは、洞察的帰納法を通して再現性の高い「法則」を手に入れることである。

4 洞察的帰納法を使いこなすには「見えている事実から発想する」のではなく「見えない共通点を発見して、そこから発想する」という頭の使い方を習慣にする必要がある。

5 何をやらせても優秀な人は、どんな些細な事実からも「見えないもの」を見抜き、それらを「法則化」し、さまざまな分野に応用する習慣を持っている。

6 帰納法を身につけるには「帰納法のトレーニングのために時間をつくる」のではなく「今ある習慣や業務の中に帰納法を組み込む」のが賢いやり方である。

7 帰納法を応用すれば「共通点を根拠に結論を出す」だけでなく「例外を発見して可能性を広げる」こともできる。

第三章

「予測と検証」を可能にする推論法

演繹法

11

演繹法とは何か？

演繹法といえば、ロジカルシンキングの世界では「論理」の側面に焦点を当てて紹介されることが多い。

しかしビジネスの実務では、演繹法を「予測」に用いると有益な場合が多い。また、演繹法は、うまく応用すれば「前提を疑う」「前提を概念で捉える」「前提を捉えなおす」ことで、これまでの当たり前や常識を覆し、新たな側面の発見や価値の創造につなげることができる。よって、本書では「演繹法」を「論理」の側面だけでなく「常識や前提を覆す」という側面からも解説していこう。

前提となるルールから結論へ　デカルトと演繹法

帰納法を理解できたら、続いてマスターしておきたい推論法が「演繹法」だ。「演繹法」とは聞きなれない言葉かもしれないが、演繹法の「演」には「押し広める・説く」という意味があり、「繹」には「糸口を引き出す」という意味がある。すなわち「演繹」とは「広く説かれている原則（演）から、糸口を引き出す（繹）」という意味だ。

演繹法とは「前提となるルールに物事を当てはめて、当てはまるか、当てはまらないかで結論を出す」推論法を指す。別名「演繹的推論」や「三段論法」とも言われる。

> 演繹法＝前提となるルールに物事を当てはめて結論を出す推論法

ここでいう「ルール」とは、規則や常識、あるいは方針や法則など「一般に正しいとされていること」を指す。

◆トップダウン型の推論法

第二章で解説した帰納法は複数の事実が先にあり、その共通点から一つの結論を導き出す、いわばボトムアップ式の推論法だったが、演繹法はまず「前提となるルール」が存在し、そのルールに当てはまるかどうかで結論を導き出すトップダウン型の推論法だ。

帰納法の場合、推論の立脚点を「複数の事実」に置くため、そこに例外が存在すれば推論の前提がくずれてしまうことになる。しかし演繹法の場合は「前提となるルール」さえ正しければ、そのルールに対して「当てはまるか？」「当てはまらないか？」の二者択一しかないため、誰もが例外なく同じ結論に辿り着きやすいのが特徴だ。

演繹法を発展させたのは、フランスの哲学者であるルネ・デカルト（1596〜1650）とされる。

デカルトはさまざまな物事に疑って向き合い、その結果として最後に残る普遍的な法則を「絶対的なもの」として捉え、その「絶対的なもの」を出発点としながら論理的に結論を導き出す「合理論」を唱えた。

その基礎となったのが「前提となるルール（という絶対的なもの）」に物事を当てはめて結論を出す「演繹法」だ。

演繹法の簡単な例

大きな概念に含まれるかどうか

より演繹法をわかりやすく理解するために、まずは簡単な例を使って解説しよう。

たとえば次の例が「演繹法」の典型的な例だ。

前提となるルール①：身長が伸びれば↓体重は増える。

当てはめる物事②：来年は身長が伸びるはずだ。

導かれる結論③：よって、来年は体重も↓増えるはずだ。

この例をひもとくと、次のようなロジックが成立していることに気がつくはずだ。

- 誰もが「確かにそうだ」と思える「前提となるルール」を持ち出す。

  ☞身長が伸びれば、体重は増える。

- 前提となるルールに、目の前の物事を当てはめる。

  ☞来年は身長が伸びるはずだ。

- 目の前の物事が、前提となるルールに当てはまるかどうかで結論を出す。

  ☞来年は身長が伸びるはずなので、「身長が伸びれば、体重は増える」というルールに当てはめると、体重も増えるはずだ。

演繹法の論理が成立しているかどうかは、次のような要領でチェックできる（図9）。

- 身長が伸びれば→体重が増える。
- 「身長が伸びる」という概念の中に「来年は身長が伸びる」という概念は含まれる。
- よって「来年は身長が伸びる＝体重も増えるはずだ」。

では、次のような例はどうだろうか？

前提となるルール①：身長が伸びれば→体重は増える。
当てはめる物事②：来年は身長が伸びないだろう。
導かれる結論③：よって、体重も→増えないはずだ。

こちらの例の場合も、次の要領で考えてみると、チェックは簡単だ（図13）。

- 身長が伸びれば→体重が増える。
- 「身長が伸びる」という概念の中に「来年は身長が伸びない」という概念は含まれない。
- よって「来年は身長が伸びない＝体重も増えない」。

このように、演繹法が前提に置くルールは「最も大きな概念」であり、その概念の中に目の前の現象が「含まれるか？　含まれないか？」で結論を出す推論法だ。よって、演繹法が成り立っているかどうかを検証する際には「概念の大きさ」に着目しよう。

[図13]
演繹法は概念の大きさでチェックする

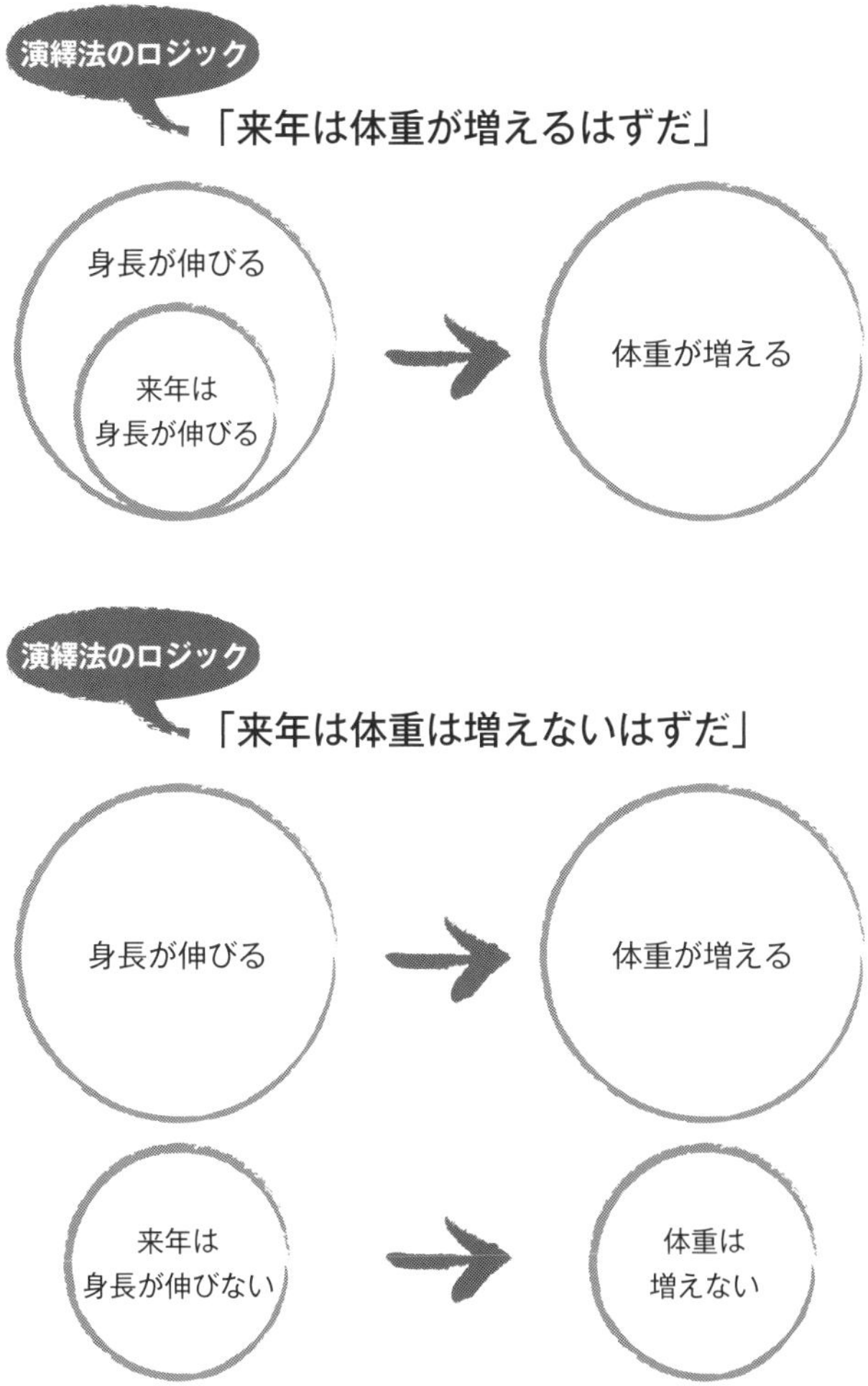

12

演繹法を扱う際の留意点

演繹法は、前提となるルールに物事を当てはめて結論を出す推論法である以上、2つの留意点が存在する。2つの留意点とは、次の通りだ。

- 前提となるルールに誤りがある場合。
- 過度に推論形式にとらわれてしまう場合。

前提となるルールに誤りがある場合

演繹法の留意点①

まずは「前提となるルールに誤りがある場合」について解説しよう。

先ほどの例では「身長が伸びれば、体重が増える」という前提を置き、その前提に当てはまるか否か？　で結論を出した。しかし次の場合はどうだろうか？

前提となるルール①：体重が増えれば→身長は伸びる。
当てはめる物事②：来年は体重が増えるはずだ。
導かれる結論③：よって、身長は→伸びるはずだ。

この文章をお読みになればば直感的におわかりいただけると思うが、「体重が増えれば、身長が増える」という前提は間違っている。そして、前提が間違っているために、そこから導かれる結論も間違っていることに気がついたはずだ。

これは「前提が間違っている」わかりやすい例だが、次のような例はどうだろうか？

前提となるルール①：専業主婦は→幸せだ。
当てはめる物事②：私は専業主婦だ。
導かれる結論③：よって、私は→幸せだ。

こちらは、前提が間違っているとは言えないが、正しいとも言い切れない。専業主婦だって不幸な人はいるだろうし、働く主婦でも幸せな人はごまんといる。これらは一人一人の価値観の問題であり、簡単に割り切れるものではない。

このように、演繹法は「前提となるルールが存在し、かつ、正しいこと」が極めて重要となるが、「正しい前提を置く」こと自体、必ずしも容易ではない。そして「置いている前提」に少しでも疑いがあれば、導き出す結論も疑いの余地が出てきてしまうのがデメリットだ。

過度に推論形式にとらわれてしまう場合

演繹法の留意点②

続いて2つ目の留意点である「過度に推論形式にとらわれてしまう場合」について説明しよう。再度、次の例をご覧いただきたい。

前提となるルール①：専業主婦は→幸せだ。
当てはめる物事②：私は専業主婦だ。
導かれる結論③：よって、私は→幸せだ。

先ほど解説したように「前提となるルール」に議論の余地はあるが「推論形式」自体は演繹法の推論プロセスにのっとっており、間違っていない。

しかしここに大きな落とし穴がある。

演繹法は、その中身の意味はどうあれ、目の前の物事をルールに当てはめれば、必然的に結論が導かれるという性質がある。これは数学の公式のようなものであり、ややもすれば「意味」や「内容」を吟味しないまま「ただ当てはめる」という思考に陥りやすい。

世の中には「官僚的」という言葉があるが、これは「規則（ルール）」の良し悪しを疑わないまま、ただ「規則に当てはめること」のみを考える人や組織を揶揄《やゆ》する言葉だ。

このように、演繹法は「数学の公式」のように捉えてしまうと、逆に思考停止に陥ってしまうので注意が必要だ。

13

ビジネスで演繹法を活用する3つの局面

続いては「ビジネスで演繹法を活用する局面」について解説していこう。演繹法の活用局面は、大きく分けて3つある。

- ビジネスの環境変化を予測する局面。
- 提案の良し悪しを検証する局面。
- 洞察的帰納法で得た「法則」から価値を生み出す局面。

以下、解説しよう。

ビジネスの環境変化を予測する局面

ビジネスには、必ず「その時々の局面」というものが存在する。そして「局面」が移り変われば、その背景で働く「力学」も変化していく。もしあなたが「背景にある力学」を理解していれば、その力学に「今の状態」を当てはめることで、将来を予測することが可能になる。
ここで鋭いあなたならお気づきだと思うが、ビジネス環境の変化を予測する際には、次のような枠組みで演繹法が活用できる局面だ。

前提となるルール：背景にある力学。
当てはめる物事：今の局面。
導かれる結論：「背景にある力学」に「今の局面」を当てはめた「今後の予測」。

例を挙げれば、次の通りだ。

前提となるルール①：生産量が1万個を超えれば→規模の経済が働いて製品1個当たりの単位コストが80％に下がる。
当てはめる物事②：来年半ばには、生産量が1万個を超える。
導かれる結論③：よって来年半ばからは→製品1個当たりの単位コストが80％に下がる。

このように、演繹法は「背景にある力学」を前提に置くことで、将来の予測を可能にする。そして予測が可能になれば、事前に必要なアクションを計画しておくことが可能になる。

提案の良し悪しを検証する局面

ビジネスの世界では「提案をしなければならない」という状況に立たされることは多い。なぜならビジネスとは、「価値を生み出してお金に変える活動」であり、「価値をお金に変える」には「提案」が必須となるからだ。

こう書いてしまうと「提案」は営業担当者や企画担当者のみに必要な活動だと思えるかもしれないが、もちろんそうではない。もしあなたが総務担当者や経理担当者だったとしても、「より生産性の高いオフィス環境をつくる」「ペーパーレス化で業務の生産性を上げる」などの施策を通して価値を生み出すためには「提案」が必要になる。

◆「目的」「目標」との合致

しかし、どんなに優れた「提案」も、採用されなければその価値はゼロだ。だとすれば、あなたがする「提案」は、相手の意思決定を促す上で十分に合理的であり、かつ納得できるものでなくてはならない。その際に活用できるのが「演繹法」だ。

適切に「提案」をするには、その前提として「目的」と「目標」が必要になる。「目的」とは、提案を通して成し遂げたい「内容」のことであり、もし「目的」がなければ「何を成し遂げるべきかがわからない」という状態となる。

また「目標」とは「目的（＝成し遂げたい内容）の達成水準」のことを指す。もし「目標」がなければ、あなたは「どの水準まで目的を達成すべきか？」がわからなくなるため、やはり適切な提案をすることはできない。その結果、あなたの提案は「目的がわからず」「目標（目的の達成水準）」も曖昧な提案となってしまうため、採用される可能性は低くなる。

もし、提案が採用される可能性を高めたいなら、あなたは企業や組織が目指す「目的」や「目標」に対して、あなたの提案内容を合致させる必要がある。これを演繹法のロジックに応用すると次の通りとなる。

前提となるルール：目的・目標
当てはめる物事：あなたの提案内容
導かれる結論：「目的・目標」に対して「提案内容」が当てはまるか、当てはまらないか。

わかりやすく理解するために、例を交えて解説しよう。ある商品をプロモーションする際の目的が「客単価の向上」だったとしよう。もしあなたが演繹法を知らなければ「広告宣伝を強化しましょう」という提案をしてしまうかもしれない。これを、演繹法の公式に当てはめると、次の通りとなる。

前提となるルール①：客単価を→向上させる。
当てはめる物事②：広告宣伝を強化すれば→客単価は向上する（？）。
導かれる結論③：よって、広告宣伝を強化すべきだ。

しかしこれを読んで、あなたは違和感に気がついたはずだ。広告宣伝は、多くの場合「客数を増やす」ために行われるものであり、「広告宣伝を強化すれば→客単価は上がる」という推論には無理がある。よって、あなたの提案は却下されるはずだ。

一方で、もしあなたが演繹法をマスターしていれば、次のような提案をすることができる。

前提となるルール①：客単価を→向上させる。
当てはめる物事②：レジ回りに「ついで買い」しやすい小物を配置すれば→客単価は向上する。
導かれる結論③：よって、レジ回りに「ついで買い」しやすい小物を配置すべきだ。

こちらは「レジ回りについで買いしやすい小物を配置すれば→客単価は向上する」という推論に妥当性があるため、あなたの提案は採用されやすくなる。

このように、提案の局面では「目的」や「目標」を前提に置き、そこから演繹的に提案を考えていけば、あなたは目的や目標に対して精度の高い提案ができるようになり、採用される確率は格段に上がるはずだ。

洞察的帰納法で得た「法則」から価値を生み出す局面

第二章で解説した「洞察的帰納法」を覚えているだろうか？

簡単に復習すると、洞察的帰納法とは「洞察を通して物事の共通点を発見する方法」のことであり、事実を「抽象化」し「多面的な視点」で捉え直すことで、あなた独自の「法則」を導き出す推論法だ。たとえば「水」を抽象化し、多面的な視点で捉え直すことで、次のような法則が得られることは、すでに解説した通りだ。

事実①：水は「飲めるもの」である。
事実②：水は「洗えるもの」である。
事実③：水は「火を消せるもの」である。

共通点の発見：この3つの共通点は、モノ（＝水）を抽象化して「コト」として捉え直したことである。

結論（法則）：「モノ」から「コト」を抜き出すと、その実体が持つ複数の「価値」を発見できる。

このように洞察的帰納法を自由自在に操ることができれば、さまざまな事実から共通点を発見し「ああなれば、こうなりやすい」という「法則」を蓄積していくことができる。しかし、たとえ多くの「法則」をストックしたとしても、ビジネスに活用できなければ意味はなく、単なる宝の持ち腐れとなってしまう。

ここで、ぜひ活用してもらいたいのが「演繹法」だ。洞察的帰納法で得た「法則」を演繹法の「前提となるルール」に置き換えることができれば、あなたはさまざまな価値を導き出すことができる。たとえば次のような要領だ。

前提となるルール①：「モノ」から「コト」を抜き出すと→複数の「価値」を発見できる。

当てはめる物事②：「紙」から「コト」を抜き出すと、以下が挙げられる。

コト－：文字や絵を描き込むもの。

コト2：何かを包むもの。
コト3：折るもの。
コト4：拭くもの。
コト5：敷くもの。
コト6：貼るもの。

導かれる結論：よって「紙」から抜き出したこれらの「コト」は↓「紙の価値」である。

より理解を深めるために、別の例も示しておこう。

前提となるルール①：企業の無形資産は使えば使うほど↓価値が増える。
当てはめる物事②：自分が持っている販売ノウハウは、企業の無形資産だ。
導かれる結論③：よって、組織でシェアして使えば使うほど↓価値は増える。

このように、あなたが「洞察的帰納法」で学び取った「法則」は、それらを演繹法の「前提」に置き、さまざまな物事を当てはめることで多くの価値を生み出すことができる。

もし、あなたがビジネスで独自の価値を生み出したいなら、「洞察的帰納法で法則をストックして」「演繹法に当てはめることでさまざまな価値を生み出す」ことを意識しよう。

14

演繹法の頭の使い方3ステップ

ここからは「演繹法の頭の使い方の手順」について解説していこう。演繹法の頭の使い方の手順は、大きく分けると次の3ステップだ。

STEPI：「前提となるルール」を見極める。
STEP2：「前提となるルール」に目の前の物事を当てはめる。
STEP3：結論を出してチェックする。

STEP1 「前提となるルール」を見極める

演繹法は「前提となるルールに物事を当てはめてみて、当てはまるか当てはまらないかで結論を出す」という性質上、いかに「前提となるルール」を正しく見極められるかが非常に重要になる。

一般に、ビジネスの世界で重要とされる「正しいとされているルール」は次の6点だ。一つずつ、簡単に解説していこう。

①目的
②目標
③方針
④ビジネス上のセオリー
⑤価値観・カルチャー
⑥法則

◆目的

1つ目は「目的」だ。なぜなら「目的」とは企業の戦略を策定する上で指針となるものだからだ。

もし「目的」の設定がなければ「何に集中して頑張ればいいのかわからない」状態となり、リソースの配分は総花的になる。その結果、砂漠に少しずつ水を撒《ま》くような施策が散発的に繰り出されることになり、その成果は乏しいものになる。

一方で「目的」を明確に設定できれば、勝ち筋を見極めた上で「選択と集中」を行うことができる。つまり、限られたリソースで最大限のインパクトを創出することが可能になる。

このように考えると、目的は「何に選択と集中を行うのか？」の前提となるため、演繹的に物事を考える上で、極めて重要な前提となる。

◆目標

続いては「正しいとされているルール」の2つ目である「目標」について解説しよう。

目的を設定すれば「やるべきこと」は見えてくる。しかし「目標（＝目的の達成水準）」が設定できていなければ「やるべきこと」を「どこまで」やるべきかが見えないままだ。

そして「どこまでやるべきか？」という達成水準（目標）が設定できなければ「そこに辿り着くまでに必要なリソースの規模感」を見積もることができない。

たとえば「売上高1000億円」を目標にするのと「売上高100万円」を目標にするのとでは「必要なリソース（ヒト・モノ・カネ）の規模」が大きく変わることは、直感的にご理解いただけるはずだ。

このように、目標は「どのくらいのリソースが必要なのか？」の前提となるため、演繹的に物事を考える上で、極めて重要となる。

◆方針

3つ目の「正しいとされているルール」は「方針」だ。

仮に、あなたが居酒屋チェーンの店舗開発担当者だったとしよう。会社の方針として「大人の働く女性の居酒屋」という新業態を推進していくことが決まった場合、その方針はあなたにとって「前提」となるはずだ。そしてあなたは「メニュー」「価格」「立地」「販売促進」「店舗演出」「店舗スタッフ」などの具体策を考える際には「大人の働く女性の居酒屋」という方針に当てはまるか、当てはまらないかを念頭に置くはずだ。このように「方針」もまた、演繹的に物事を考えていく上での「前提」となる。

◆ビジネス上のセオリー

続いて4つ目は「ビジネス上のセオリー」だ。

ビジネス上のセオリーとは、たとえば「売上高は、客数と客単価の掛け算で決まる」「メリットがデメリットを上回れば投資する」「大量仕入れをすれば、単位当たりの仕入れコストは下がる」など、ビジネスの世界ではすでに実証済みとされている理論のことを指す。これらのビジネスセオリーを数多く知っておけば、あなたはそれらを前提に目の前の物事を当てはめることで、より有益な結論を見いだすことが可能になる。

たとえば以下の要領だ。

前提となるルール①：競合がいない領域で戦えば→利益率が高くなりやすい（ポジショニング理論）。

当てはめる物事②：「大人の働く女性の居酒屋」は、競合がいない領域だ。

導かれる結論③：よって「大人の働く女性の居酒屋」は、高い利益率が見込めるはずだ。

もしあなたが演繹法を駆使して多くの価値を生み出したいなら、さまざまなビジネスフレームワークを学んでおくことも有益だ。ビジネスフレームワークには、大きく分けて3つの「型」が存在する。

枠組み型：枠組みだけ与えられているフレームワーク

☞「ロジックツリー」「ピラミッドストラクチャー」など「型としての枠組み」は与えられているが、「視点」や「内容」は自分で考えなければならないもの。

視点型：枠組みに加えて、視点が与えられているフレームワーク

☞「PEST」や「3C」など「型としての枠組み」と「視点」は与えられているが、「内容」は自分で収集しなければならないもの。

内容型：枠組みや視点に加えて、内容が与えられているもの

☞「VRIO」（→41ページ）や「ブランドエクイティ」など「型としての枠組み」や「視点」だけでなく「内容」も与えられており、「チェックリスト」として活用できるもの。

このうちの「内容型」は演繹法の「正しいとされているルール」に応用できる。
たとえば、商品のブランド力をチェックするために使われる「ブランドエクイティ」には「ブランド認知」「知覚品質」「ブランド連想」「ブランドロイヤリティ」という4つの視点が存在するが、これを演繹法に当てはめると、次の通りとなる。

前提となるルール：「ブランド認知」「知覚品質」「ブランド連想」「ブランドロイヤリティ」のいずれかが向上すれば→ブランド力は上がる。
当てはめる物事：TVCM（テレビコマーシャル）を実施すれば「ブランド認知」は上がる。
導かれる結論：よって、TVCMを実施すれば、ブランド力は上がるはずだ。

演繹法は「正しいとされているルール」をどれだけ多く理解しているかが、応用範囲の広さを決定づける。もしあなたが演繹法をマスターして自由自在に操りたいなら、ぜひさまざまなビジネスフレームワークを学んでおこう。

◆価値観・カルチャー

続いて、ビジネスの世界で正しいとされている5つ目のルールは「価値観・カルチャー」だ。

近年では「カルチャーフィット」という言葉が注目されているように、企業の価値観やカルチャーは、組織的な強みや成長を形づくる上で欠かせない考え方になっている。

もしあなたがスタートアップ企業の社員なら、「革新性を追求する価値観・カルチャー」が組織の中に根付いていることだろう。これは、演繹法の文脈でいえば「正しいとされているルール＝革新性」であることを意味する。よって、あなたが社内で行動を起こす際には「革新性を追求する価値観・カルチャーに当てはまるか？　当てはまらないか？」を判断基準にするはずだ。

このように、組織内に根付くカルチャーもまた、演繹法の「正しいとされているルール」に応用が可能だ。

◆法則

最後に「正しいとされているルール」の6つ目は「法則」だ。

これは、これまで解説してきた「洞察的帰納法から得た法則」はもちろん、心理学や社会学、経済学や統計学等から得られる法則も当てはまる。

たとえば、統計学には「数が増えれば増えるほど、物事は平均に近づく」という「大数の法則」と呼ばれる法則がある。これを演繹法に応用すれば、たとえば次のようになる。

前提となるルール①：数が増えれば増えるほど→物事は平均に近づく（大数の法則）。
当てはめる物事②：今回のミーティングは、少人数に絞った。
導かれる結論③：よって（平均的ではなく）エッジの効いた大胆なアイデアが生まれやすいはずだ。

このように、もしあなたが心理学や社会学、経済学や統計学などから学べるさまざまな「法則」を理解し、演繹法に応用することができれば、物事を提案する際の精度や業務のクオリティを上げていくことができるはずだ。

STEP2 「前提となるルール」に目の前の物事を当てはめる

「前提となるルール」を見極めることができたら、続いては「目の前の物事」を当てはめるステップだ。

しかし「前提」さえ見極めることができたら、あとは目の前の物事を当てはめるだけでいいとあなたが考えているのなら、それは早まった考えだ。なぜなら「前提となるルール」が必ずしも正しいとは限らないからだ。

仮に、あなたが自社ホームページの運用担当者だったとしよう。「自社のホームページは古いので、リニューアルすべきだ」と考えた場合、演繹法のロジックは次のようなものになるはずだ。

前提となるルール①：古いホームページは→ダメなホームページだ。
当てはめる物事②：自社のホームページは古い。
導かれる結論③：よって、自社のホームページはダメなホームページだ。

この推論プロセスは、必ずしも間違っていない。しかし、置いている前提の掘り下げが甘いため「なぜ古いホームページが、ダメなホームページだと言えるのか？」と問われたときに、明確に答えることができない。いわば「前提自体が崩れる」パターンだ。

このように、前提となるルールに物事を当てはめて考える際には、単に機械的に当てはめるのではなく、「そもそも、前提は正しいのか？」「前提は、十分に掘り下げられているか？」と疑う習慣を持とう。

その際に有効なのは、常に「前提」に対して「Why？」を問い続けることだ。

◆前提を掘り下げる唯一の質問「Why ?」

一般に、質問には５Ｗ１Ｈがあるといわれる。その中で「When：いつ」「Where：どこで」「Who：誰が」「What：何を」「How：どのように」は「物事を具体化していく」タイプの質問だが「Why：なぜ」だけが、前提を疑い、前提をさらに掘り下げていくことができる質問だ。

たとえば先ほどの例を「Why：なぜ」で掘り下げていくと、次のようになる。

- 古いホームページは、ダメなホームページだ（↓Why：なぜダメなのか？）。
- 古いホームページは、サイト訪問者の離脱が多いからだ（↓Why：なぜダメなのか？）。
- サイト訪問者の離脱が多いと、ホームページからの資料ダウンロード数が減るからだ（↓Why：なぜダメなのか？）。
- ホームページからの資料ダウンロード数が減ると、そこからの商談数が減るからだ（↓Why：なぜダメなのか？）。
- 商談数が減ると、売上が減るからだ。

ここまで掘り下げれば、前提となるルールは「古いホームページは↓ダメなホームページだ」ではなく、「売上に結びつかないホームページは↓ダメなホームページだ」となる。つまり、真の論点は「ホームページが古いこと」ではなく「ホームページが売上に結びつかないこと」だ。
だとすれば、演繹法のロジックは次のようになるはずだ。

前提となるルール①：売上に結びつかないホームページは↓ダメなホームページだ。
当てはめる物事②：自社のホームページは、売上に結びついていない。
導かれる結論③：よって、自社のホームページはダメなホームページだ。

もしあなたが「古いホームページは、ダメなホームページだ」という前提でホームページをリニューアルしたら、「新しいけど売上に結びつかないホームページ」を完成させてしまっていたかもしれない。

これは余談だが、詐欺師にとって最も騙《だま》しやすい人は、実は「論理的思考力が高い人」だと言われる。なぜなら、論理的思考力が高い人は、いったん「論理」さえ納得すれば、論理を成り立たせている前提を疑わなくなるからだ。

このように、演繹法は「前提が与えられれば、あとは当てはめるだけ」と考えてしまうと、大きな落とし穴にはまることがあるので注意が必要だ。

STEP3 結論を出してチェックする

「前提となるルール」に目の前の物事を当てはめることができたら、次は結論を出すステップだ。

演繹法は「前提となるルール」と「目の前の物事」が適切であれば機械的に結論が出せる、極めてシンプルな推論法だ。

しかしここまで再三注意を促しているように、演繹法は「前提」が極めて重要であり、「前提」が崩れれば、その先の推論や結論がすべて崩れてしまう。

よって、もしあなたが演繹法を使って何らかの結論を得たら、しっかりと「演繹法の論理が成り立っているか？」をチェックする習慣をつけよう。

15

ビジネスに演繹法を活かす方法

「演繹法の頭の使い方の手順」が理解できたら、続いては「演繹法をビジネスに活かす方法」について理解を深めよう。

演繹法は「正しいとされているルールに物事を当てはめて結論を出す推論法」であることから、ビジネスにおける次のような局面と相性が良い。

- 今後の市場動向の予測に活かす。
- 戦略や方針に基づいた企画立案に活かす。
- 会議のファシリテーションに活かす。
- 企画を提案する際のロジックに活かす。
- ビジネスのＫＰＩ（重要業績評価指標）設定に活かす。

以下、一つずつ解説していこう。

今後の市場動向の予測に活かす

もしあなたが事業戦略やマーケティング戦略の担当者だとしたら、プロダクトライフサイクル理論は、すでにご存じのことだろう。

プロダクトライフサイクル理論とは、商品やサービスが市場に導入されてから売上が伸びはじめ、やがて成長が止まり、衰退するまでの時系列プロセスを表した理論だ。一般的には「導入期」「成長期」「成熟期」「衰退期」という4段階で捉えることが多い（図14）。

ビジネスには、必ず「その時々の局面」が存在する。そして「局面」が変化すれば、局面の背景で働く「市場力学」も変化する。

「市場力学」といえばファイブフォース分析を思い浮かべるかもしれないが「プロダクトライフサイクル」は「局面の変化」という視点に立ち、それぞれの局面で適切な打ち手を見いだしていくための理論だ。

もし「局面」ごとに「市場の背景で働く力学」を見抜くことができれば、あなたは局面ごとに適切な施策を展開することができる。

また、プロダクトライフサイクルは「時系列で捉える」という理論の性質上、早い段階で「市場力学の変化」を予見し、「先手を打って対策を練っておく」ことを可能にする理論でもある。

このプロダクトライフサイクル理論に演繹法を掛け合わせると、次の例のように「今後の市場動向の予測と対応」に応用することができる。

市場導入期

前提となるルール①：市場導入期には、消費者や流通事業者の関心を高めれば↓商品の普及が加速する。

当てはめる物事②：現在は、市場導入期である。

導かれる結論③：よって消費者や流通事業者の関心を高めるプロモーションを展開する必要がある。

市場成長期

前提となるルール①：市場成長期には、機動力の高いベンチャー企業が↓新規参入してきやすい。

当てはめる物事②：現在は、市場成長期である。

導かれる結論③：よって、ベンチャー企業の新規参入に備える必要がある。

[図14]

プロダクトライフサイクル理論

商品やサービスが市場に導入されてから売上が伸びはじめ、
やがて成長が止まり、衰退するまでの時系列プロセスを表した理論

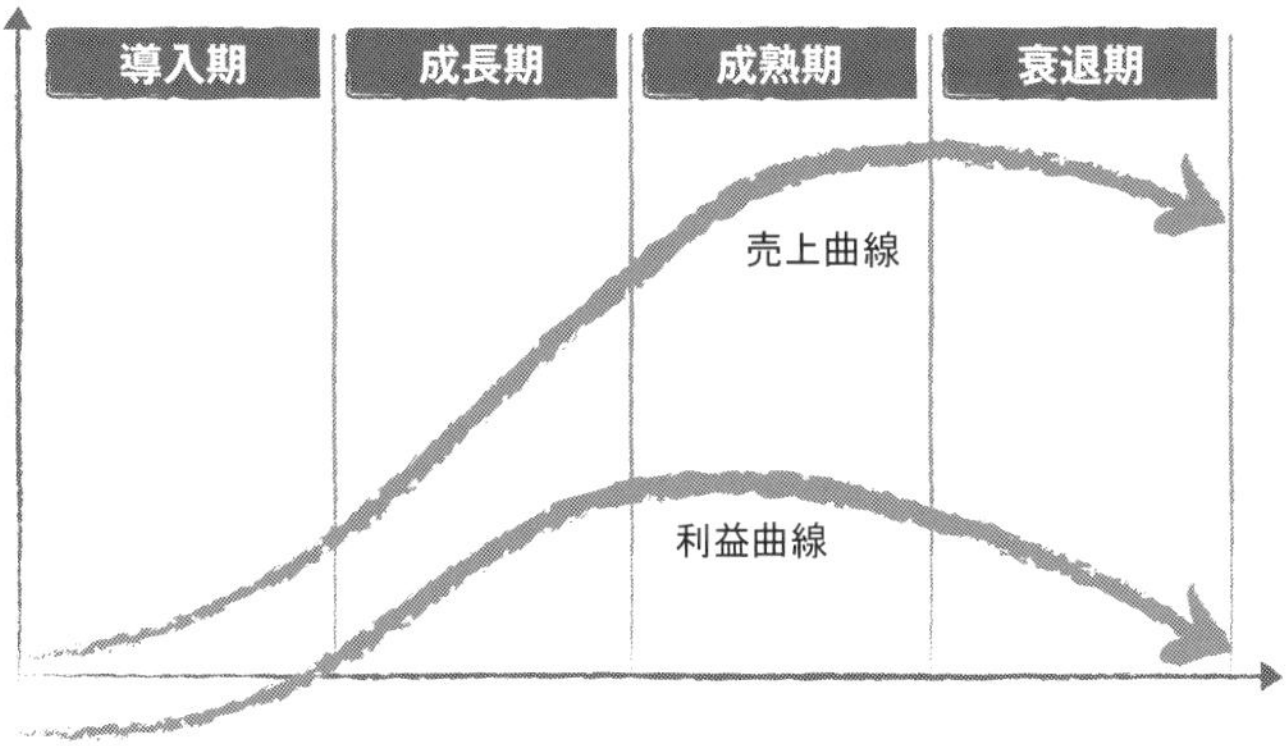

市場成熟期

前提となるルール①：市場が成熟すると→価格競争が起きやすい。

当てはめる物事②：現在、市場は成熟しつつある。

導かれる結論③：よって、価格競争を回避する戦略を考える必要がある。

市場衰退期

前提となるルール①：市場衰退期にトップシェアを維持していれば→その後も残存者利益を確保しやすい。

当てはめる物事②：市場は衰退しているが、自社商品はトップシェアだ。

導かれる結論③：よってコスト削減を徹底して、残存者利益を最大化しよう。

このように、ビジネス理論に演繹法を掛け合わせれば、近い将来起きるであろう機会や脅威を事前に予測できるようになる。そうすれば、あなたは来るべき機会や脅威に向けて、事前に対策を打っておくことが可能になる。

あらゆるビジネスは、未来に向けてなされる。そうである以上、ビジネス環境の変化を適切に予測できる演繹法は、極めて有益な推論法だ。

方針や戦略に基づいた企画立案に活かす

演繹法は、決められた方針のもとに、その方針に沿った企画立案を行いたいときにも有効だ。具体的には、商品やサービスのコンセプト（方針）を次のようにマーケティングの４Ｐに展開したいときなどが典型だ。

前述と同様に、あなたが居酒屋チェーンの店舗開発担当者だったと仮定しよう。女性の社会進出や働き方改革、あるいは残業規制などの流れを受けて「大人の働く女性のための居酒屋にビジネスチャンスがある」と判断したとする。「大人の働く女性のための居酒屋」という方針（コンセプト）を、演繹法を使ってマーケティングの４Ｐに展開すると以下の通りとなる（図15）。

商品（Product）

前提となるルール①：「大人の働く女性の居酒屋」をコンセプトにした居酒屋を出店する。

当てはめる物事②：大人の働く女性に好まれる食材はチーズである。

導かれる結論③：よって、チーズをふんだんに取り入れたメニューを開発する。

価格（Price）

前提となるルール①：「大人の働く女性の居酒屋」をコンセプトにした居酒屋を出店する。

当てはめる物事②：大人の働く女性は、割安感よりも特別感を好む。

導かれる結論③：よって、価格はあえて高めに設定し、その分特別感のある食材を提供する。

流通（Place）

前提となるルール①：「大人の働く女性の居酒屋」をコンセプトにした居酒屋を出店する。

当てはめる物事②：大人の働く女性は、繁華街よりもオフィス街でお酒を楽しむこと

［図15］
方針や戦略に基づいた企画立案に活かす

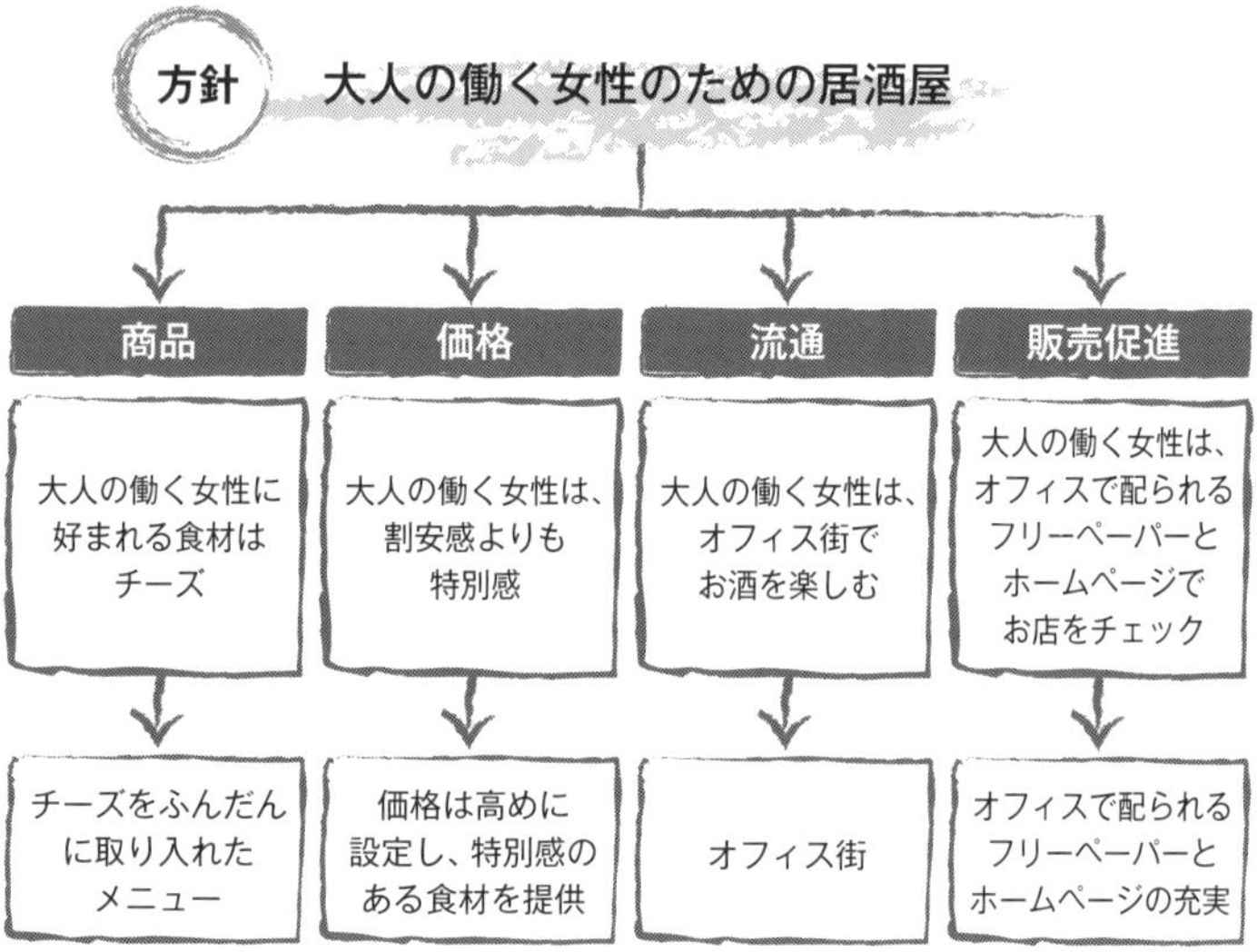
方針
大人の働く女性のための居酒屋
商品
価格
流通
販売促進
大人の働く女性に好まれる食材はチーズ
大人の働く女性は、割安感よりも特別感
大人の働く女性は、オフィス街でお酒を楽しむ
大人の働く女性は、オフィスで配られるフリーペーパーとホームページでお店をチェック
チーズをふんだんに取り入れたメニュー
価格は高めに設定し、特別感のある食材を提供
オフィス街
オフィスで配られるフリーペーパーとホームページの充実

が多い。

導かれる結論③：よって、オフィス街を中心に出店する。

販売促進（Promotion）

前提となるルール①：「大人の働く女性の居酒屋」をコンセプトにした居酒屋を出店する。

当てはめる物事②：「大人の働く女性」は、オフィスで配られるフリーペーパーとホームページでお店をチェックすることが多い。

導かれる結論③：よって、オフィス内で配られるフリーペーパーに広告を出稿し、ホームページを充実させる。

どのような施策も、一つのコンセプト（方針）を元に、コンセプトと整合性のある形で展開されなければ、散発的なもので終わってしまう。演繹法は、うまく活用すれば「施策が散発的になり、何も残らずに終わる」という状態を防ぎ、戦略の要《かなめ》である「選択と集中」を担保してくれるはずだ。

会議のファシリテーションに活かす

あなたがビジネスパーソンなら「会議で物事が決まらない」「会議が紛糾《ふんきゅう》した」という経験は、一度や二度ではないはずだ。

しかし、もしあなたが演繹法をうまく会議に応用すれば、「決まらない会議」や「紛糾する会議」を未然に防ぐことが可能になる。なぜなら会議が頓挫《とんざ》する原因は、その多くが「前提が揃《そろ》っていない」ことに起因するからだ。

会議に招集されたメンバーは、会議のテーマに関しては理解していることが多い。しかし、「それぞれのメンバーが置いている前提」はまったくと言ってよいほど共有されていないため「前提が揃っていない」こと自体が、会議を炎上させる要因となる。

たとえば、あるメンバーが「自社はうまく行っている」という現状認識を持っていれば、「さらに成長を加速させるには？」という視点で投資を加速させる発言が多くなるだろう。しかし別のメンバーの現状認識が「うまく行っていない」なら「うまく行っていない根本原因の把握」に関する発言が多くなるはずだ。

そしてメンバー間の「現状認識」が異なる以上、それぞれの意見は延々とかみ合わない。そしてお互いに「どのような前提（＝現状認識）に立った発言か？」にまで想いが至らないため、互いが主張を譲らぬまま議論は平行線を辿る。

◆「意見」ではなく「前提」のすり合わせ

このように、目的は同じでも「置いている前提」が異なれば、互いの意見がかみ合うことは「絶対に」ない。もしこのような状況にあなたが陥ったら、あなたがしなければいけないのは「意見のすり合わせ」ではなく、「前提のすり合わせ」だ。

そしてもし「前提」をすり合わせることができれば、個々のメンバーの発言が「前提に当てはまるか？　当てはまらないか？」を判断し、スピーディーに結論を出せるようになる。

もしあなたが会議の開始タイミングで、まずは「互いの前提を合わせる」ことをファシリテートすることができれば、あとは演繹法を駆使することで、会議の生産性を高めることができるはずだ。

企画を提案する際のロジックに活かす

演繹法は、企画を提案する際にも活用することができる。

たとえば、あなたがECサイトの担当者だったと仮定しよう。あなたが運営しているECは徐々に売上を減らしていることから、EC責任者から「売上拡大施策」の提案を求められたとする。あなたはどのような提案が考えられるだろうか？

仮に、あなたは「レコメンデーションエンジンの導入」を思いついたとしよう。しかし、ただ単に「レコメンデーションエンジンを導入してみたらどうですか？」だけでは、あなたの提案は通らない。なぜなら「なぜ、レコメンデーションエンジンを導入すべきなのか？」という根拠が明確でない以上「思いつき」の域を出ず、説得力に乏しいからだ。

しかし、あなたが演繹法をマスターしていれば、以下のようなロジックでレコメンデーションエンジンの導入を提案することができる。

前提となるルール①：客単価が上がれば、売上は上がる。
当てはめる物事②：レコメンデーションエンジンを導入すれば、客単価は上がる。
導かれる結論③：よって、レコメンデーションエンジンを導入すれば、売上は上がるはずだ。

また、もしあなたが「客単価」ではなく「顧客数」に着目した場合は、次のようなロジックとなる。

前提となるルール①：ECサイト訪問者数が増えれば、売上は上がる。
当てはめる物事②：WEB広告の量を増やせば、ECサイト訪問者数は増える。
導かれる結論③：よって、WEB広告を増やせば、売上は上がるはずだ。

さらに、演繹法を使って次のようなロジックを加えることができれば、より説得力は高まるはずだ。

前提となるルール①：投資には、ROI（投資利益率）の高さが求められる。
当てはめる物事②：「レコメンデーションエンジンの導入」と「WEB広告の増加」では「レコメンデーションエンジンの導入」のほうが、ROIが高い。
導かれる結論③：よって、レコメンデーションエンジンを導入すべきだ。

このように「前提となるルール」に目的を置き、演繹的に結論を出していくことで、あなたの提案の説得力は高まる。そうすれば、あなたの提案が採用される確率は上がり、組織に貢献できるはずだ。

ビジネスのＫＰＩ設定に活かす

ＫＰＩとは「Key Performance Indicator」の頭文字を取った略語であり、日本語に訳すと「重要業績評価指標」となる。その意味は「目標を達成するためにプロセスが適切に実行されているかを管理・評価する指標」のことだ。

間違った現状認識の上に有効な戦略が成立しえない以上、ＫＰＩはビジネス活動の方向を指し示す羅針盤のような役割を果たす。また、戦略を大きく転換する局面では、ビジネスの現状をＫＰＩで分析し、その将来像を明確に共有する上でも重要になる。

演繹法は、適切なＫＰＩを設定する際にも有益な推論法だ。そのことをわかりやすく理解するために、こちらも例を挙げて説明しよう。

先ほどと同様に、あなたがＥＣサイトの担当者だったと仮定しよう。無事「客単価の向上」に向けレコメンデーションエンジンの導入を実現したあなたは、今度は「顧客数の増加」に着目したとする。先ほど、演繹法で立てた「顧客数の増加」に関する推論は以下の通りだ。

前提となるルール①：ＥＣサイト訪問者数が増えれば、売上は上がる。
当てはめる物事②：ＷＥＢ広告の量を増やせば、ＥＣサイト訪問者数は増える。
導かれる結論③：よって、ＷＥＢ広告を増やせば、売上は上がるはずだ。

この推論を検証するために、スモールスタートで実験的にＷＥＢ広告を展開したところ、以下のような結果になった。

ＷＥＢ広告露出量：１００万インプレッション
ＥＣサイト訪問者数：１０００名
売上高：１００万円

これを、先ほどの演繹法に当てはめると、次の通りとなる。

前提となるルール①：ＥＣサイト訪問者数が１名増えれば、売上は１０００円上がる。
当てはめる物事②：ＷＥＢ広告の量を１００インプレッション増やせば、ＥＣサイト訪問者数は１名増える。

導かれる結論③：よって、WEB広告の量を100インプレッション増やせば、売上は1000円上がるはずだ。

このように、推論プロセスを数字に置き換えることができれば、演繹法はKPI設定やPDCAに応用することが可能だ。

ビジネスの世界では「見えないものは管理できない。管理できないものは改善できない」と言われるが、どのようなビジネス活動も「やりっぱなし」ではその良し悪しがわからない。そして良し悪しがわからないということは、改善すべきポイントもわからないため、次のビジネス活動も「経験と勘」に頼ることになる。

そして「経験と勘」に頼ったビジネス活動は、目的も達成水準も不明瞭となるため、再び「やりっぱなし」となってしまう悪循環に陥る。

「明確なKPIが設定されていない」ことの本当の怖さは「経験と勘」や「なんとなく」が放置されたまま長期に渡って悪循環に陥ってしまうことだ。

しかし、もしあなたが演繹法を理解し、KPIに活用することができれば、それぞれの要素間の因果関係を明らかにし、適切にPDCAを回していくことができるはずだ。

16

演繹法をトレーニングする方法

続いては、演繹法のトレーニング方法について解説しよう。

こちらも、帰納法のトレーニング方法と同様に「トレーニングのために時間をつくる」のではなく「今ある習慣の中に演繹法を組み込む」ことが大切だ。

日々の業務の中に演繹法を組み込む　演繹法トレーニング①

あなたがビジネスパーソンなら、必ず「上司」がいるはずだ。そして節目節目のタイミングで「上司に報告する機会」が存在していることだろう。

しかし、あなたは日々の上司への報告の中で「どのような前提で報告すれば、上司が納得できる報告になるのか?」という「報告がうまくいくかどうかの基準」を考えているだろうか?　もし考えていなかったら、演繹法をうまく取り入れながら上司に報告する習慣をつけよう。

たとえば次の通りだ。

前提となるルール（報告がうまくいくかどうかの基準）①：報告の際に「今後のＴｏＤｏ」「役割分担」「期限」が明確であれば、上司は納得しやすい。
当てはめる物事（あなたの報告内容）②：今回の報告では「今後のＴｏＤｏ」「役割分担」「期限」を明確にしよう。
導かれる結論③：そうすれば、上司は納得してくれるはずだ。

また、日々の会議の局面では、次のように演繹法を応用できるはずだ。

前提となるルール①：判断基準がない限り、物事は決められない。
当てはめる物事②：この会議には、判断基準がない。
導かれる結論③：よって、この会議では結論は出ないだろう。

もし、あなたが演繹法を通して「この会議では結論は出ないだろう」とあらかじめ予測できていたら、会議の冒頭で「まずは判断基準を明確にしませんか？」と投げかけることができる。そうすれば「無意味に長い会議」を「生産性の高い会議」に変えていくことができるはずだ。

また、何らかの社内提案が必要な局面でも、次の例のように「会社の方針（前提）」を「提案（当てはめる物事）」に結びつけて考える習慣をつければ、あなたは少しずつ提案の説得力を高めていけるはずだ。

前提となるルール①：「働きがい」の向上は、我が社の方針だ。
当てはめる物事②：社内表彰制度の導入は、働きがいの向上に貢献する。
導かれる結論③：よって、社内表彰制度を導入すべきだ。

自社の戦略・施策をビジネス理論に当てはめる

演繹法トレーニング②

世の中には、さまざまなビジネス理論やフレームワークが存在するが、これらを自社の戦略や施策に当てはめて考えてみるのも、演繹法のトレーニングとして有効だ。

仮に、あなたがビジネス書籍を読んで「規模の経済性」というビジネス理論を知ったとしよう。

「規模の経済性」とは、事業規模が拡大するにしたがって商品1個当たりのコストが低下し、コスト競争力が強化されていく現象を指す。そのメカニズムは大きく分けると次の3点だ。

大量仕入効果：大量仕入れによる原材料の単価削減効果。
稼働率向上効果：工場稼働率の向上による製品1個当たりの減価償却費削減効果。
学習曲線効果：工員の習熟度向上による製品1個当たりの労務費削減効果。

これを見て、ただ単に「へぇー」と感心して終わるだけでは、知識を得たにすぎない。しかし「推論力」は訓練と習慣によって身につくものである以上、得た知識を自社に当てはめて考えてみることは、あなたの推論力のトレーニングに有益なはずだ。

たとえば、この例の場合「学習曲線効果」を応用し、あなたの職場に当てはめると次のように考えることができる。

前提となるルール①：業務量をこなし習熟度が上がれば、その業務の生産性は上がる（学習曲線効果）。
当てはめる物事②：マルチタスクだった業務を、業務ごとの分担制に変えれば、それぞれの業務に対する各メンバーの業務習熟度は上がる。
導かれる結論③：よって、業務ごとの分担制を採用すれば、業務の生産性は上がる。

このように、インターネットや書籍から得たさまざまなビジネス理論を「知識」としてそのままにせずに、「自社に当てはめて考える」ことを習慣にできれば、あなたの職場は「演繹法をトレーニングできる宝の山」に変わる。

もしあなたが演繹法をマスターし、自由自在に使いこなせるようになりたいなら、ぜひ「宝の山」をうまく活かそう。

意識的に隠れた前提を探す

演繹法トレーニング③

ここまで再三指摘したように、演繹法を成り立たせている最も重要な要素は「前提となるルール」だ。別の言い方をすれば「前提の扱い方の上手い下手」が、演繹法をマスターするカギと言っても過言ではない。

たとえば、「人を殺しても、罪に問うべきではない」という主張があったとしよう。

もし「人の道理として考えたときに」という「前提」があれば、「人を殺しても、罪に問うべきではない」という主張は、決して受け入れることができない主張になるはずだ。

しかし「正当防衛として」という前提であれば「人を殺しても、罪に問うべきではない」という主張は受け入れられることもありうる。

このように、時に「前提」は「暗黙の前提」として、裏に隠れてしまっていることがある。そして「裏に隠れている前提」を見抜き、応用する力こそが、演繹法を使いこなす最大の武器となる。

もしあなたが演繹法をマスターしたいなら、「日常業務で演繹法を使う」「ビジネス理論を自社に当てはめる」と並行して「さまざまな主張から、隠れた前提を見抜く」トレーニングをしよう。

◆情報の裏読み

情報過多と言われる現在では「TV」「新聞」「雑誌」「書籍」「WEBサイト／アプリ」「ソーシャルメディア」など、さまざまなメディアから多様な主張が発信されている。

それらの主張自体を参考にするのは有益なことだが、決して鵜呑《うの》みにせずに「その主張が置いている前提は何か？」「その前提から、どのような推論を経て主張に至ったのか？」を考える習慣をつけよう。

重要なことなので繰り返すが、演繹法は「前提の扱い方の上手い下手」が極めて重要であり「置いている前提」次第では、主張が１８０度変わることすらあるので注意が必要だ。

17

演繹法の応用テクニック

ここからは、演繹法の応用テクニックについて解説しよう。

演繹法は「前提」と「推論」さえ間違わなければ、ほぼ機械的に結論を導き出すことができる「方程式的な」推論法だと言える。

しかし、ビジネスは時に「論理的に妥当か」ではなく、「これまでの前提を覆した発想」が求められることもある。むしろこれからの時代には、こちらのほうがマストな能力と言っても過言ではないだろう。

よってここからは、演繹法の弱点をうまく利用することで「これまでの前提を覆す発想」ができる「演繹法の応用テクニック」について解説しよう。大きく分けると、次の3つだ。

「前提」を疑う思考法：クリティカルシンキング
「前提」を「概念」で捉える思考法：概念化思考
「前提」を捉え直す思考法：ラテラルシンキング

「前提」を疑う思考法

クリティカルシンキング

これまで幾度となく「演繹法は前提の置き方が重要だ」と解説したが、逆を言えば「前提の置き方次第で、結論はいかようにも変わる」ともいえる。そして、この性質をうまく利用し「徹底的に前提を疑う」ことができれば、これまでとは異なる発想に至ることが可能になる。

これからの時代には「決められた前提を元に行動する人材」だけでなく、「前提に囚われずに自分の頭で考え、新しい価値を生み出せる人材」も求められる。その際に必要となるのが「前提を疑う思考法」であるクリティカルシンキングだ。

クリティカルシンキングの「クリティカル（critical）」とは「批判的」という意味を持ち、別名「批判的思考」とも呼ばれる。

日常で「批判的」といえば「否定的な評価」というニュアンスが伴うが、本来の「批判」の定義とは「良い部分・悪い部分を意識的に見分け、評価・判定すること」であり、むしろ「先入観に囚われず、中立的な姿勢を重視する」のがクリティカルシンキングのポイントだ。

世の中には、深く考えることなく、つい浅はかに置いてしまいがちな「前提」が数多く存在する。

- 専門家が言っていることを前提に置く。
- みんなが納得していることを前提に置く。
- 論理的に筋が通っていることを前提に置く。
- 常識で考えると正しいと思えることを前提に置く。

しかし、前提を鵜呑みにせず適切に疑うことができれば、これまでの当たり前や常識を覆し、新たな側面の発見や価値の創造につながる。別の言葉でいえば、一つの側面に囚われることなく中立的にさまざまな角度から物事を見ることで、新たな可能性を切り拓くことができる。

たとえば「売上を上げる」というお題を例にとって解説しよう。一般に「売上を上げる」には次のような公式を当てはめて考えることが多い。

売上＝顧客数×客単価×購入頻度

この公式を演繹法に当てはめると次のようになる。

前提となるルール①：顧客数（あるいは客単価・購入頻度）が増えれば→売上は増える。

当てはめる物事②：今回提案する企画は、顧客数（あるいは客単価・購入頻度）を増やす企画だ。

導かれる結論③：よって、今回の企画を採用すれば→売上は増える。

しかし、クリティカルシンキングでは「売上を上げる」という「前提」が正しいかどうかを疑ってかかり、本当に解くべき問題を見極めるのがポイントだ。

あらゆる企業において「売上を上げる」ことは必要不可欠な目的だ。しかし深く考えれば「売上を上げる」ことは「利益を上げる」ための手段であり、目的ではない。

たとえどんなに高い売上を上げたとしても、それ以上にコストがかかり利益がマイナス（つまり赤字）になってしまえば本末転倒であることは、あなたもご承知のはずだ。

だとすれば、ビジネスの本来の目的は「利益を上げること」であり「利益を上げる」ことを目的にすれば、その手段は「売上を上げる」だけでなく「コストを下げる」という別の可能性も見えてくる。

前提となるルール①：コストを下げれば→利益は増える。

当てはめる物事②：今回提案する施策は、コストを下げる施策だ。

導かれる結論③：よって、今回の施策を採用すれば→利益は増える。

また、売上は「顧客数×客単価×購入頻度」で決まる、という前提を疑うことも可能だ。この公式は「企業側」からみた公式であり、「市場や競合の視点」まで含めた公式ではない。つまりロジックとして成立してはいるが、その前提は企業目線の前提になってしまっている。だとすれば、この前提を疑うことができれば、次のような「新たな前提（公式）」を置くこともできる。

売上＝市場規模×シェア

このように、売上を成り立たせる前提を「市場規模×市場シェア」に置き換えれば、演繹法は次のようになる。

市場規模の例

前提となるルール①：市場規模が大きくなればなるほど→売上は増える。

当てはめる物事②：今回提案する施策は、商品の利便性を啓発することで、市場自体を広げていく施策だ。

導かれる結論③：よって、今回の提案を採用すれば→売上は増える。

シェアの例

前提となるルール①：シェアが増えれば増えるほど→売上は増える。

当てはめる物事②：今回提案する施策は、商品の競合優位性を訴求することで、シェアを増やしていく施策だ。

導かれる結論③：よって、今回の提案を採用すれば→売上は増える。

このように前提を疑い「売上＝顧客数×客単価×購入頻度」という公式から「売上＝市場規模×シェア」という前提に捉え直すことで、

- 売上を上げるために、市場を広げていくべきなのか？
- 売上を上げるために、市場シェアを上げるべきなのか？

という、市場や競合を加味した「戦略レベルの検討」ができるようになる。もし市場が成長局面なら「市場自体を広げる」という成長戦略が優先課題となるかもしれない。一方で市場が成熟局面なら「シェアを増やす」という競争戦略が優先課題となる。

◆「前提が変われば、結論が変わる」という弱点を味方に

このように、演繹法は前提の置き方次第で「推論」や「結論」が大きく変わる。「推論と結論が正しい」ことと「置いている前提が正しい」こととは、まったく別次元の問題だ。これらは、演繹法を使いこなす上でぜひ押さえておきたいポイントだ。

もし、あなたが「前提が変われば、結論が変わる」という演繹法の弱点をうまく味方につけたいなら、前提に対して、

- True？（本当か？）
- Anything else？（他には？）

という二つの視点を持ち合わせておこう。

ビジネス環境が目まぐるしく変化している現在では「今までの方法でうまくいったのだから、これからもこの方法でうまくいくはずだ」といった考え方は通用しない。だとすれば、これまで当たり前に置いていた「前提」を「True？（本当か？）」と疑うことができれば、さまざまな可能性に思考を巡らせることができるようになる。

また、現在置いている視点に対して「Anything else？（他には？）」という視点を持てれば、より広い視野で、今まで考えが及んでいなかった違う方向で物事を考えることができるようになる。

その結果、これまでとは異なる大胆なアイデアを立案することが可能になるはずだ。

「前提」を「概念」で捉える思考法

概念化思考

「1つの視点から物事を捉え、論理的に考えたら行き詰まってしまった」

あなたはこのような状態に陥ってしまったことはないだろうか？　通常「事実」は一つだが「事実を捉える視点」は無数に存在する。この「事実を捉える視点」こそが演繹法における「前提」となるが、1つの前提に囚われたままだと、その先の推論プロセスが行き詰まり、結論を出せない状態に陥ってしまうことがある。

その際に有益なのが、多様な「前提」を生み出すことができる「概念化思考」だ。

概念化思考とは、さまざまな事実を「実体」として捉えるのではなく、より大局的・全体的な視座から「概念」として捉え直す思考法を指す。

たとえば、あなたが製紙会社の販売促進担当者だったと仮定しよう。あなたのミッションは「紙の販売量を増やすこと」だが、「紙」という実体を前提に置き「どうすれば紙の販売量を増やすことできるか？」と考えたところで、なかなか妙案が思い浮かばず、行き詰まってしまうだろう。

しかし、もしあなたが「概念化思考」を身につけていれば、「紙」という「実体」を手掛かりにしながらも、それに囚われることなく「概念」を抜き出して考えることができる。

70ページなどで「モノからコトを抜き出すと、複数の価値を発見できる」という法則を紹介した際に、次のようなものが「紙の価値」として挙げられたことを覚えているだろうか？

実体：「紙」
実体から抜き出した概念①：文字や絵を描き込むもの
実体から抜き出した概念②：何かを包むもの
実体から抜き出した概念③：折るもの
実体から抜き出した概念④：拭くもの
実体から抜き出した概念⑤：敷くもの
実体から抜き出した概念⑥：貼るもの　…etc.

「紙」から「形のない概念」を抜き出せば、たとえば「文字や絵を描き込むもの」となる。
逆を言えば「文字や絵を描き込むもの」を実体化したものが「紙」だ。

このように「実体」から離れ「概念」を抜き出すと「1つの視点に縛られる」ことなく、多面的な視点を得ることができる。これは別の言い方をすれば、演繹法の出発点となる「前提」自体を増やしているのと同じだ。これを演繹法と組み合わせていくと次のようになる。

前提となるルール①：紙の用途（コト）が増えれば増えるほど、紙の売上は増える。

当てはめる物事②：今回提案する販促企画は「包む」を用途にした販促企画だ。
今回提案する販促企画は「折る」を用途にした販促企画だ。
今回提案する販促企画は「拭く」を用途にした販促企画だ。
今回提案する販促企画は「敷く」を用途にした販促企画だ。
今回提案する販促企画は「貼る」を用途にした販促企画だ。　…etc.

導かれる結論③：よって、今回の販促企画を実施すれば、紙の売上は増える。

このように「実体」は「概念」を抜き出すことで多面的に捉えることが可能になる。この例においても「どうすれば紙の販売量を増やすことできるか？」という一つの視点で考えるよりも、いったん「概念化」を行い、複数の「用途」を抜き出すことができれば、さまざまな可能性が広がっていくはずだ。

「前提」を捉え直す思考法

ラテラルシンキング

続いては、3つ目の「演繹法の応用テクニック」である「ラテラルシンキング」について解説しよう。

ラテラルシンキングは「前提を捉え直す思考法」だ。1967年にイギリス人の医師であるエドワード・デボノ（1933〜）が提唱した思考法で、別名「水平思考」あるいは「ラテラル思考」とも呼ばれる。

ラテラルシンキングと演繹法の最も大きな違いは「前提の捉え方」だ。

演繹法の推論プロセスは「前提」→「推論」→「結論」という筋道を辿る。つまり、まずは「A」という前提を置き、その後「AだからB」「BだからC」という推論を辿った結果、「ゆえに、AだからCである」という結論に辿り着く。

しかしこれまで解説したように、演繹法は前提（＝A）の置き方次第で結論が変わる。そして演繹法は、A（＝前提）そのものの置き方を教えてくれるわけではない。

一方で、ラテラルシンキングとは「前提（＝A）の置き方」に着目し、前提そのものを捉え直す発想をすることで、これまでにない新しいアイデアを生み出そうとする思考法だ。

エドワード・デボノの定義によれば、ラテラルシンキングとは「どんな前提条件にも支配されない自由な思考法」であり「水平方向に発想を広げる」という意味合いからラテラル（＝水平）という言葉が使われる。

では「前提を捉え直す」とはどういうことなのか？　そのことを理解するために、例を交えて解説しよう。

もし仮にあなたがビルオーナーで、テナントから「エレベーターの待ち時間が長い」というクレームに悩まされていたとしよう。あなたはどのような前提を置いて解決策を考えるだろうか？　これを演繹法で考えると、たとえば次のようになる。

前提となるルール①：エレベーターが各階の待ち時間に最適化されていないと、待ち時間は長くなる。

当てはめる物事②：エレベーターの待ち時間を制御するＡＩを導入すれば、各階の待ち時間を最適化できる。

導かれる結論③：よって、ＡＩを導入すれば、待ち時間は減らせる。

しかしこの結論では、大きな設備投資を覚悟しなければならない。一方で、前提を捉え直し、エレベーターを使う側から見た視点で考えるとどうなるだろうか？

エレベーターを使う側からの視点に立てば「エレベーターの待ち時間が長い」という問題は「エレベーターを待っている時間が無意味に感じること」と捉え直すことができる。だとすれば「無意味に感じる時間」を「有意義に感じる時間」に変えることができれば、大きな設備投資をせずに問題は解決することになる。

事実「エレベーターの横に鏡を置く」という施策で、エレベーターを待っている時間を「無意味な時間」から「身だしなみを整える有意義な時間」に変え、クレームを大きく減らした例が存在する。

これを、演繹法に当てはめると、次のようになる。

前提となるルール①：エレベーターの待ち時間が無意味に感じると、クレームは増える。
当てはめる物事②：エレベーターの前に鏡を置けば「無意味な時間」は「身だしなみを整える有意義な時間」に変えることができる。
導かれる結論③：よって、エレベーターの前に鏡を置けば、クレームは減らせる。

また、別の例も示そう。

もしあなたが出版社のマーケティング担当者で「本が売れない」という問題を抱えていたとしよう。ラテラルシンキングのアプローチをとるなら、まずやらなければならないのは

「今、自分が置いている暗黙の前提」を洗い出し、自覚的になることだ。たとえば、

- 「本は読むもの」という前提
- 「本は紙でできているもの」という前提
- 「本は読んだら終わるもの」という前提

これらの「暗黙の前提」を自覚して初めて「前提を捉え直す」ことができるようになる。

そして「前提を捉え直す」ことができれば、

- 「本は読むものとは限らない」↓インテリアとして飾る本
- 「本は紙でできているものとは限らない」↓電子書籍
- 「本は読み終わるものとは限らない」↓デアゴスティーニのようなコレクション

など、さまざまなアイデアが発想できるはずだ。このように、常に「暗黙の前提を自覚し」「暗黙の前提を捉え直す」ことができれば、あなたは演繹法の限界を味方につけ、これまでにない価値を創造していくことができるはずだ。

第三章のまとめ　7つのポイント

1 演繹法とは「正しいとされているルールに物事を当てはめて結論を出す推論法」のことを指す。

2 演繹法は「前提となるルール」さえ正しければ、そのルールに対して「当てはまるか？」「当てはまらないか？」の二者択一しかないため、誰もが例外なく同じ結論に辿り着きやすい。

3 演繹法は「前提となるルールが存在し、かつ、正しいこと」が極めて重要となるが「正しい前提を置く」こと自体、必ずしも容易ではない。

4 演繹法は、目の前の物事をルールに当てはめれば、必然的に結論が導かれるという性質があるため「意味」や「内容」を吟味しないまま「ただ当てはめる」という思考に陥りやすい。

5 前提となるルールに物事を当てはめて考える際には、単に機械的に当てはめるのではなく「そもそも、前提は正しいのか？」「前提は、十分に掘り下げられたものなのか？」と疑う習慣が必要となる。

6 演繹法をマスターするには、常識を鵜呑みにせずに「その主張が置いている前提は何か？」「その前提から、どのような推論を経て主張に至ったのか？」を考える習慣をつける必要がある。

7 演繹法の弱点を利用し「前提を疑う」「前提を概念で捉える」「前提を捉えなおす」ことができれば、これまでの当たり前や常識を覆し、新たな側面の発見や価値の創造につなげることができる。

第四章

「仮説」を生み出す推論法

アブダクション

18 アブダクションとは何か？

「帰納法」「演繹法」が理解できたら、続いては「アブダクション」について解説しよう。

目に見えない「法則」を知っている人は、常に有利に物事を運べるが、表に表れている「現象」しか見ていない人は、現象に振り回され損をする。

アブダクションは、行動や現象だけに着目するのではなく、背景や原因を探ることによって法則や仮説を発見し、ビジネスに応用していくための推論法だ。

もしあなたがアブダクションを身につけることができれば、「法則」や「仮説」を次々に導き出していくことが可能になり「答え」だけでなく「解き方」を武器にすることができるようになる。

法則を当てはめて仮説を導く　パースとアブダクション

アブダクションは、その訳語に「仮説形成法」「仮説的推論」、あるいは「発想法」などの言葉が使われるように、仮説を導き出す推論法だ。本書では、アブダクションを次のように定義している。

アブダクション＝「起こった現象」に対して「法則」を当てはめ、起こった現象をうまく説明できる仮説を導き出す推論法

ここでいう「法則」とは「ああなれば、こうなる」という因果関係のことを指す。

アブダクションは、アメリカの哲学者であるパース（1839〜1914）が提唱し、帰納法、演繹法と並ぶ第三の推論法として近年クローズアップされつつある推論法だ。これまで解説した「演繹法」「帰納法」と異なるのは、アブダクションが「新たな仮説を発見する推論法」であることだ。

そのことを理解するために、まずは次の帰納法の例をご覧いただきたい。

事実①：商品Ａの広告を打ったら、売上が伸びた。
事実②：商品Ｂの広告を打ったら、売上が伸びた。
事実③：商品Ｃの広告を打ったら、売上が伸びた。

共通点の発見：この3つに共通するのは、広告を打ったら売上が伸びたことだ。
結論：よって、広告を打てば、売上は伸びる。

この推論をよく見ると、すでに「事実」の中に「広告を打ったら、売上が伸びる」という仮説が含まれていることがわかる。つまり、帰納法は「事実」の中にすでに「仮説」が含まれているため「まったく新しい仮説の発見」には不向きであることがおわかりいただけるはずだ。

続いて、演繹法についても見てみよう。

前提となるルール①：市場が縮小すれば、売上は落ちる。
当てはめる物事②：現在、市場は縮小している。
導かれる結論③：よって、売上は落ちるだろう。

こちらも、演繹法の推論プロセスを見ると、すでに「前提となるルール」の中に「売上は落ちる」という仮説が含まれていることがわかる。つまり演繹法もまた、すでに仮説が存在し、その仮説を検証する際には有効だが「新たな仮説を発見する」には不向きな推論法であることがわかるはずだ。

しかし「アブダクション」は、起こった現象をうまく説明できる仮説を導き出す推論法であることから、試行錯誤的である半面、新たな仮説を発見しやすい推論法といえる。事実、科学における多くの発見や発明は、アブダクションが大きく貢献したと言われている。

近年「仮説思考が重要だ」と叫ばれて久しい。

仮説思考とは「今ある限られた情報だけで問題の本質や解決策をイメージし、現時点で最も妥当だと思える結論を導き出す思考習慣」のことを指すが、この仮説思考も「アブダクション」をマスターすれば身につけることができる。

もしあなたが「完璧思考」の習慣を持っていたら、何らかのテーマで情報収集を行う際に「どの範囲の情報を」「どのレベルの深さまで」集めてよいかが皆目見当がつかないはずだ。その結果、情報収集は絨毯爆撃的となり、多大な時間を消費してしまうことになるのは自明の理だ。

一方で、あなたが仮説思考を身につけることができれば「今ある仮説が正しいか？　正しくないか」に絞った情報を、その判断に資するレベルまで集めればよいため、情報収集の焦点を絞りこむことができ、時間を大幅に短縮することが可能になる。

また前述したように（↓34ページ）、ビジネスの世界には「パレートの法則」という「20％の重要なインプットが80％の成果を生み出す」とされる法則が存在するが、希少資源である

「時間」を重要な20％に当てるには、初めに「何が重要な20％なのか？」について仮説を立てる必要がある。

さらには、早い段階で仮説を立てることができれば、業務の生産性は劇的に向上する。たとえば全体で10個の課題があるときに、仮説思考を使って重要な2個に絞り込めば、検証の焦点が絞られる。さらにその2個の課題のみに絞って検証するほうが、10個の課題すべてを検証するよりも短時間で答えに辿り着くことができる。

もし仮説が間違っていたとしても、別の仮説を立てて3つ目、4つ目を検証して正解に辿り着けば、最初から10個の課題を網羅的に検証するよりはるかに問題解決のスピードは速くなる。

コンサルティングの世界には「クイック＆ダーティ」という言葉があるが、変化が激しい現在においては「完璧を期すが遅い」よりも「仮説は粗いが検証サイクルが早い」ほうが重要だ。

このように「仮説思考」はビジネスにおいてさまざまなメリットをもたらすが、その要となる推論力が「アブダクション」だ。

アブダクションの簡単な例

よりアブダクションをわかりやすく理解するために、簡単な例を使って解説しよう。次のような例が「アブダクション」の典型例だ。

起こった現象①：売上が落ちた。
法則の当てはめ②：買う人が減れば→売上は落ちる。
導かれる仮説③：よって、売上が落ちたのは、買う人が減ったからに違いない。

また、別の例を挙げると次の通りだ。

起こった現象①：買う人が減った。
法則の当てはめ②：競合ブランドへの買い替えが起きれば→買う人は減る。
導かれる仮説③：よって、買う人が減ったのは、競合ブランドへの買い替えが起きたからに違いない。

さらにもう一つ掘り下げてみよう。

起こった現象①：競合ブランドへの買い替えが起きた。

法則の当てはめ②：競合ブランドが値引きをすれば↓競合ブランドへの買い替えが起きる。

導かれる仮説③：よって、競合ブランドへの買い替えが起きたのは、競合ブランドが値引きを仕掛けてきたからに違いない。

ここまでお読みになってお気づきと思うが、アブダクションには「演繹法」や「帰納法」にない大きなメリットが存在する。そのメリットとは「仮説の可能性を広げたり、掘り下げたりできる」というメリットだ。

たとえば先ほどの例をご覧いただきたい。

起こった現象①：売上が落ちた。

法則の当てはめ②：買う人が減れば↓売上は落ちる。

導かれる仮説③：よって、売上が落ちたのは、買う人が減ったからに違いない。

しかし「法則の当てはめ」の部分を「商品単価が落ちれば↓売上は落ちる」と置けば、

起こった現象①：売上が落ちた。

法則の当てはめ②：商品単価が落ちれば→売上は落ちる。
導かれる仮説③：よって、売上が落ちたのは商品単価が落ちたからに違いない。

という別の仮説を立てることができる。

このように、アブダクションは「法則の当てはめ」を入れ替えることで多様な仮説を立てることができる。

しかし逆を言えば、アブダクションで多様な仮説を立てられるかどうかは、あなたの頭の中にある「法則の多さ」にかかっているともいえる。

ここで鋭いあなたならお気づきかもしれないが、あなたの頭の中にある法則を増やすには、第二章で解説した「洞察的帰納法」の習慣化が極めて重要になる。

精度の高い仮説を立てられる人は、ほぼ例外なく日々の経験から洞察的帰納法を駆使して「ああなれば→こうなる」という「法則」を自分の頭の中にストックしている。そのため一（起こった現象）を聞いた際には、頭の中にあるさまざまな法則を当てはめ、瞬時に十（仮説）を導き出すことができる。これが仮説思考の正体だ。

もしあなたがアブダクションを通して優れた仮説を立てたいなら、あらゆる経験を「消費して」終わらせるのではなく、洞察的帰納法で「法則を発見して」「ストックする」習慣を身につけよう。

19

アブダクションを扱う際の留意点

アブダクションと演繹法の違い

アブダクションの留意点

アブダクションで留意しておきたいのは「演繹法と混同しやすい」ことだ。そのことを、例を交えて解説しよう。

前節のアブダクションの例では、「売上が落ちた」という現象に対して「買う人が減れば↓売上は落ちる」という法則を当てはめ、「よって、売上が落ちたのは買う人が減ったからに違いない」という仮説を導き出した。

アブダクションの場合

起こった現象①：売上が落ちた。

法則の当てはめ②：買う人が減れば↓売上は落ちる。

導かれる仮説③：よって、売上が落ちたのは買う人が減ったからに違いない。

一方で、演繹法の場合には次のようになる。

演繹法の場合

前提となるルール①：買う人が減れば→売上が落ちる。

当てはめる物事②：買う人が減った。

導かれる結論③：よって、売上は落ちるだろう。

ここまでお読みになればおわかりだと思うが、演繹法は「正しいとされる前提」に「目の前の物事」を当てはめることで今後を予測したり、あるいは検証するときに使うものだ。一方でアブダクションは「起こった現象に」「正しいとされる法則を当てはめて」「原因となる仮説を導き出す」ために使う。

アブダクションは、別名「リトロダクション」ともいわれ、日本語では「遡及《そきゅう》推論」と訳される。「遡及推論」とは「結果から原因へと遡《さかのぼ》る推論」という意味だ。だとすれば、演繹法ができるのは「今後の推測と妥当性の担保」であり、「アブダクション」ができるのは「起こった現象に対する原因の把握」となる。このように、演繹法とアブダクションは、つい混同しがちな推論法だが「目的」や「使う局面」が違うことに留意しておこう。

20

ビジネスでアブダクションを活用する3つの局面

ここからは「ビジネスでアブダクションを活用する局面」について詳しく解説していこう。

ビジネスにおけるアブダクションの活用局面は、大きく分けて3つある。

- 問題発見と問題解決の局面
- 物事の背景の価値を見抜く局面
- 起こった現象から「法則」を発見して応用する局面

以下、解説しよう。

問題発見と問題解決の局面

昨今ではさまざまな「問題解決の本」があふれ、その多くは第一線で活躍するコンサルタントが執筆している。それ自体は素晴らしいことだが、その副作用として「問題解決スキル」

はコンサルタントや経営企画部門など「頭の良い人たちが身につけるもの」と誤解している人も多い。

しかし、問題解決を「頭の良い人たちがする」「特別な仕事」と捉えて、誰かが解決してくれるだろうと考えてしまうと、すべては他人任《ひとまか》せとなる。その結果、あなたはいずれ「事なかれ主義」や「単なる評論家」に陥ってしまうことになる。

一方で、どれだけあなたからは遠い問題に思えても、いったんは自分が責任を負い「自分が何をすれば問題の解決に近づくだろうか?」と考える当事者意識を持てれば、これまでは「どうせ無理」とあきらめがちだった問題に対して、自分が貢献できる部分が見えてくるはずだ。

しかし多くの問題は、起こっている問題と同じレベルで考えても解決策を見いだすことができない。なぜなら「問題」には、

- 「問題」という「表面に表れた現象」
- その背景に隠れた「原因」

という2つの側面が存在するからだ。

そして、目の前に現れた現象である「問題」は「目に見える」だけに簡単に捉えることが

できるが「問題の原因」は「問題の背景に隠れている」ため目に見えづらく「推論」でしか捉えることができない。

ここまでお読みになればお気づきだと思うが、「問題」から「原因」の仮説を立てるときに有効なのが、アブダクションだ。

なぜならアブダクションは「起こった現象に対して法則を当てはめ、起こった現象をうまく説明できる仮説を導き出す推論法」であることから「問題」という「目の前に現れた現象」を手掛かりに「なぜその問題が起きたのか?」という「問題を引き起こした原因」を追究していくことができるからだ。

物事の背景を見抜く局面

あなたは「実体論」と「関係論」という2つの考え方をご存じだろうか?

「実体論」とは、たとえば金の延べ棒のように「実体そのものに価値がある」とする考え方だ。一方で「関係論」とは「価値は関係の中に表れる」と考える。たとえば紙幣は「関係論」の典型だ。

紙幣そのものは、実体論で捉えれば「原価20円の紙切れ」に過ぎない。しかし関係論で捉えれば、多くの人々が「この紙切れは、モノと交換できる」という前提を共有している。このため、たとえ「原価20円の紙切れ」に過ぎないとしても「紙幣」としての価値が生まれる。

そして「関係論」の立場に立つと、あらゆる物事は、

- 実体（例：紙切れ）
- 背景（例：モノと交換できる）

という2つの側面に分けて考えることができる。この世の中には、紙幣のように「実体（紙きれ）」には価値がなくても「背景（モノと交換できる）」には価値がある場合があるが、アブダクションは「背景に存在する価値」を発見する際に有効だ。

なぜなら、アブダクションは「起こった現象から原因となる仮説を導き出す推論法」だが、これは別の言い方をすれば「実体から背景にある価値を見抜く推論法」ともいえるからだ。

近年では、インターネットやソーシャルメディアが浸透し、情報爆発の時代と言われる。情報爆発の時代には、個々の情報の関係性や背景を見抜くことは難しくなる。しかし、そんな時代だからこそ価値を増しているのが、アブダクションによる「背景にある価値を見抜く力」だ。

起こった現象から「法則」を発見して応用する局面

「ビジネスでアブダクションを活用する局面」の3つ目は「起こった現象から法則を見いだして応用する局面」だ。

「アブダクション」は「起こった現象」に対して「法則」を当てはめ、起こった現象をうまく説明できる仮説を導き出す推論法だ。だとすれば「起こった現象」と、それをうまく説明できる「仮説」の間に合理性があれば、その間に存在する「法則」を浮き彫りにすることができる。

たとえば、昨今ではユーチューバーが人気を呼んでいるが、あなたは「なぜユーチューバーが人気なのか？」と疑問に思ったことはないだろうか？　この「ユーチューバー現象」をアブダクションに当てはめると、次の通りとなる。

起こった現象：最近はユーチューバーが人気を呼んでいる。

あなたの仮説：ユーチューバーが人気を呼んでいるのは「組織に縛られない生き方をしている」からではないか？

発見した法則：組織に縛られない生き方は→人気を呼ぶ。

ここで重要なポイントは、あなたは「最近はユーチューバーが人気を呼んでいる」という「起こった現象」に対して疑問を持ち、「なぜ？」と考えを巡らせ、得られた仮説から「組織に縛られない生き方は→人気を呼ぶ」という「法則」を発見したことだ。

そして、すでに演繹法を学んでいるあなたなら、演繹法を使ってこの法則の確からしさや再現性を検証することができる。

演繹法①起業

前提となるルール①：組織に縛られない生き方は→人気を呼ぶ。

当てはめる物事②：起業は、組織に縛られない生き方だ。

導かれる結論③：よって、起業は人気を呼ぶ。

演繹法②新卒フリーランス

前提となるルール①：組織に縛られない生き方は→人気を呼ぶ。

当てはめる物事②：新卒フリーランスは、組織に縛られない生き方だ。

導かれる結論③：よって、新卒フリーランスは人気を呼ぶ。

演繹法③個人ブランディング

前提となるルール①：組織に縛られない生き方は→人気を呼ぶ。

当てはめる物事②：組織人であるにもかかわらず、ＳＮＳで個人ブランドを確立するのは、組織に縛られない生き方だ。

導かれる結論③：よって、個人ブランディングは人気を呼ぶ。

このように「アブダクション」で仮説を考え「演繹法」で検証することができれば、あなたは再現性の高い「法則」を手に入れることができる。そして、発見した「法則」を他の分野に当てはめ、応用していくことができれば、あなたはこれまでにない物の見方や発想をすることができるようになる。

しかし、もしあなたが「なぜユーチューバーが人気なのか？」と疑問を持つことができなければ、あなたは「法則」を手に入れることができず、あなたの視野は広がらない。

◆「思い込み」「決めつけ」に気をつける

特にアブダクションで気をつけたいのは、せっかくあなたが発見したさまざまな物事を「思い込み」や「決めつけ」で処理し、推論を停止させてしまうことだ。「思い込み」や「決めつけ」は「疑問を持つ」ことを妨げて、「仮説」や「法則」を発見する力を阻害してしまう。

逆に言えば「疑問を持つ」ことは物事を客観的に捉え、いろんな角度から物事を見ようとする推論のプロセスであり、あなたの視野を広げるきっかけとなる。

日常的な業務や、業界の常識などに対して、いちいち「なぜそうなのか？」「本当にそうなのか？」と疑問を持つことは、一見、無駄で億劫《おっくう》に感じるかもしれない。

しかし「物事に気づけなくなっていないか？」、あるいは「思い込みに陥って思考停止になっていないか？」を確認する意味でも、「自分にとっての常識」や「世の中の出来事」について「なぜ？」と疑問を持ってみよう。

そうすれば、あなたはさまざまな現象から「仮説」や「法則」を見いだして、学びに変えることができるはずだ。

21

アブダクションの頭の使い方5ステップ

ここからは「アブダクションの頭の使い方の手順」について解説していこう。アブダクションの頭の使い方の手順は、大きく分けると次の5ステップだ。

STEP1：「起こった現象」に自覚的になる。
STEP2：「起こった現象」に対して疑問を抱く。
STEP3：さまざまな「法則」を当てはめて仮説を導き出す。
STEP4：仮説を構造化してさらなる仮説を導き出す。
STEP5：「仮説」と「起こった現象」との間にある「因果関係」を検証する。

以下、簡単に解説していこう。

STEP1 「起こった現象」に自覚的になる

これだけ情報があふれている現在では、テレビやインターネットなどを駆使すれば、情報は誰でも等しく手に入れることができる。そして、1日は誰もが等しく24時間が与えられている。

にもかかわらず、人によって学びの量に何倍・何十倍もの差がつくのは、同じ情報や経験から何を気づけるか？　という「気づく力」に負うところが大きい。

想像してみてほしい。何も気づかないまま「ぼーっと過ごす365日」と、毎日のように何かを発見し、そこから「さまざまな物事を思考し続ける365日」では、どれだけ学びの量と質に差がつくだろうか？

アブダクションは「起こった現象」を起点に推論を働かせていく推論法である以上、起こった現象に「自覚的になる」ことができなければ「仮説を生み出すきっかけ」を掴むことができない。そして「仮説を生み出すきっかけ」が掴めなければ、あなたの思考はいつまでも起動することはなく、「推論力がない」「仮説が思い浮かばない」という状態が続くことになる。

もしあなたが「推論力がない」「仮説が思い浮かばない」という状態なら、まずはアブダクションのスタート地点となる「起こった現象に自覚的になる」ことが必要不可欠だ。

「起こった現象に自覚的になる」には、普段から次の5つを意識することが有益だ。

変化に気づく：以前と今では、一体何が変化しただろうか？　社会は？　技術は？　市場は？　競合は？　あなたはどんな変化を発見しただろうか？

差に気づく：自社と競合では、どの部分に、どのような差があるだろうか？　ターゲットと非ターゲットでは、どのような差があるだろうか？

共通点に気づく：一見「まったく関係がない」と思える物事に、意外な「共通点」はないか？

矛盾に気づく：普段「当たり前」だと思っている物事も、つぶさに眺めてみることで「矛盾」を抱えていないか？

プロセスに気づく：今、目の前にある物事は、どのようなプロセスを経て目の前に存在しているのか？　プロセスを遡っていくことで、意外な何かとつながっていないか？

人は頭の中にあることだけが、その人の世界のすべてになる。しかし、もしあなたがさまざまな現象に対して自覚的になれれば、あなたの頭の中にある世界は広がり、さまざまな仮説を生み出す発火点となるはずだ。

STEP2 「起こった現象」に対して疑問を抱く

「売上が下がっている」

もしあなたがビジネスパーソンなら、このような「現象」に出くわすことは、日常茶飯事のはずだ。しかし「売上が下がっている」という現象に気づいたとしても、そこで思考が停止してしまい「その先の推論」が思い浮かばないという経験をした方は少なくないはずだ。

さまざまな気づきは、確かにアブダクションの出発点となりうる。しかし「現象に気づいた」だけで何の疑問も持てなければ、そこから先の推論は止まってしまう。逆を言えば、物事の変化や差を「発見」したら、それらを適切な「疑問」に捉え直していくことで、推論の入り口にすることができる。

もしあなたがなんらかの現象に気づいたら、「なぜ、その現象が起きているのか？」「その現象を起こしうる原因は何か？」という疑問へ変換しよう。

さまざまな気づきを「解答することを前提とした疑問」に位置づけ直すことができれば、あなたは自分の思考を「アブダクション」へとつないでいくことができる。

STEP3 さまざまな法則を当てはめて仮説を導き出す

「仮説」と言えば聞こえはいいが、仮説の精度が低ければ、それは単なる「思いつき」や「妄想」の域を出ない。

精度の高い仮説を生み出すには「起こっている現象」からいきなり「仮説」を生み出す前に、世の中に存在するさまざまな法則を「起こっている現象」に当てはめて考えることが有効だ。

たとえば「なぜ売上が下がっているのか?」という疑問は、次のような「法則」に当てはめて考えることができる。

PEST分析に当てはめて仮説を出す

法則:政治的変化(Politics)がマイナスに働けば、売上は減る。
☞何らかの政策や規制緩和が、売上にマイナスに働いたのではないか?

法則:経済的変化(Economy)がマイナスに働けば、売上は減る。
☞為替や金利、賃金動向の変化が、売上にマイナスに働いたのではないか?

法則:社会的変化(Society)がマイナスに働けば、売上は減る。
☞ライフスタイルの変化や流行、社会的事件が、売上にマイナスに働いたのではないか？

法則：技術的変化（Technology）がマイナスに働けば、売上は減る。

☞設計技術や生産技術、あるいはデジタルテクノロジーの変化が、売上にマイナスに働いたのではないか？

3Cに当てはめて仮説を出す

法則：市場（Customer）が縮小すれば、売上は減る。

☞市場は衰退期に入っているのではないか？

法則：競合商品（Competitor）の競争力が増せば、売上は減る。

☞競合商品が、大幅な値引きをしているのではないか？

法則：自社商品（Company）の競争力が失われれば、売上は減る。

☞自社商品の満足度が下がっているのではないか？

このように、もしあなたがさまざまな「法則」や「理論」、あるいは「フレームワーク」を知っていれば、「起きている現象」に対してそれらを当てはめることで、適切な仮説を導き出すことができる。逆を言えば「法則」や「理論」「フレームワーク」を知らなければ、仮説を導き出す上でのきっかけがつくりにくいため、思考停止に陥りやすくなる。

もし「疑問は持てても仮説を導き出せない」と感じているなら、まずは「法則」や「理論」「フレームワーク」を数多く学んでおこう。

また、第二章では「法則」を生み出す推論法として「洞察的帰納法」を紹介したが、日ごろから「洞察的帰納法」を習慣化し、あなた独自の「法則」として蓄積しておけば、さまざまな仮説を生み出す際の助けになってくれるはずだ。

STEP4 仮説を構造化してさらなる仮説を導き出す

「起こっている物事」を法則に当てはめることができたら、続いては「仮説を構造化」することで、さらなる仮説を生み出していくステップだ。

「現象」を引き起こしている原因は、何も一つだけとは限らず、複数存在する場合もありうる。だとすれば、あなたがアブダクションを通して生み出す「仮説」も、複数必要となるはずだ。

仮説の構造化とは「起こった現象」の原因となる複数の仮説を、モレなくダブリなくツリー状に整理することを指す。

たとえば「売上が減っている」という現象を「売上＝市場規模×シェア」という法則に当てはめると「仮説の構造化」は次のようになる。

起こっている現象：「売上が減っている」

仮説の構造化

仮説①：売上が減っている原因は「市場が縮小しているからか？」

仮説②：売上が減っている原因は「シェアが減っているからか？」

さらに「市場が縮小しているからか？」という仮説をPESTで分解していくと、次のように分解できる。

仮説①：「市場が縮小しているからか？」

仮説の構造化

仮説①-1：市場が縮小したのは「何らかの政治的変化がマイナスに働いたのか？」

仮説①-2：市場が縮小したのは「何らかの経済的変化がマイナスに働いたのか？」

仮説①-3：市場が縮小したのは「何らかの社会的変化がマイナスに働いたのか？」

仮説①-4：市場が縮小したのは「何らかの技術的変化がマイナスに働いたのか？」

これらを繰り返し、モレなくダブリなく整理していくと図16のようなツリー状の図に整理できるはずだ。これをビジネスの世界では「ロジックツリー」と呼ぶ。

[図16]

ロジックツリーによる仮説の構造化

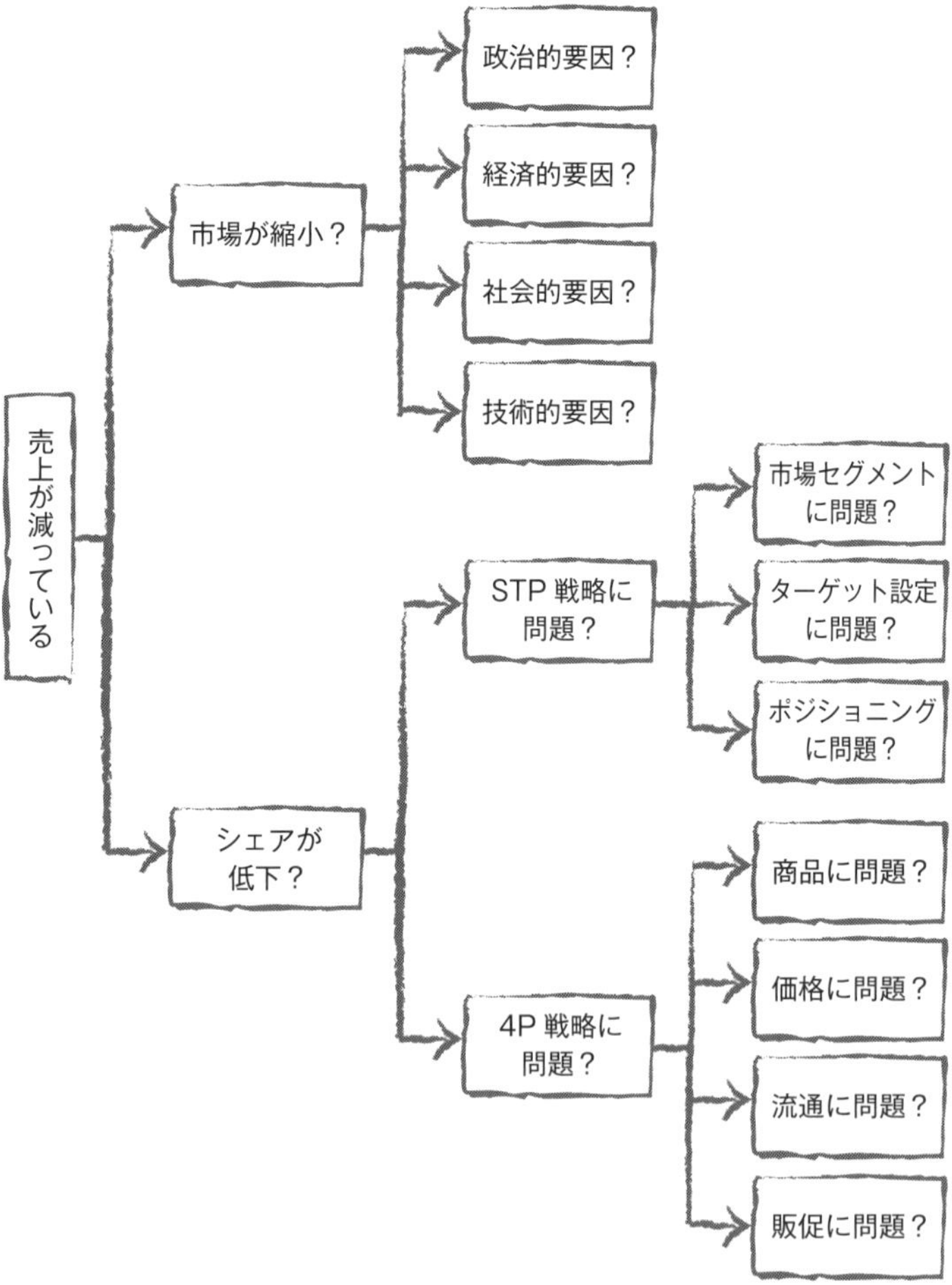

このように仮説を構造化したロジックツリーは極めて有用性が高く、3つのメリットが存在する。

1つ目のメリットは、仮説を生み出す際のモレやダブリを回避できることだ。

仮説を生み出す際に「モレがある」ということは「仮説に見落としがある」ことを意味する。もし「見落としてしまった部分」が致命的に重要なものであれば、あなたは的外れな施策を展開してしまうことになりかねない。逆を言えば、仮説をツリー状に構造化することができれば「仮説の見落とし」を埋めることで、さらなる仮説を導き出すことができるようになる。

また「ダブリがある」ということは、似たような仮説を重複して検証したり、アクションの対象にしてしまうことを意味する。その結果「重複業務による生産性の低下」や「無駄な重複投資」を招くことになる。

しかし、もしあなたが適切に仮説を構造化することができれば、ダブリを回避し、仮説検証やその先のアクションをスムーズに進めることができるようになるはずだ。

続いて仮説を構造化するメリットの2つ目は、仮説検証の優先順位がつけやすくなることだ。

どのようなビジネス活動も投入できるリソース（資金・時間・人など）は有限なのだから、

複数の仮説が存在する場合には、それらを比較検討し最も有効な仮説を選び取らなければならない。その際にも有効なのが仮説の構造化だ。

仮説を構造化することができれば「検証すべきこと」の一覧性が高くなるため、さまざまな仮説を横並びで比較し「どれを優先的に検証すべきか？」が評価しやすくなる。


さらに仮説を構造化するメリットの3つ目は、情報共有やコミュニケーションがしやすくなることだ。

なぜなら、もしあなたが仮説を構造化できれば、複数ある仮説の中で「どの部分の仮説について相手と議論しようとしているのか？」を揃えることが容易になる。

また、今話している内容が「戦略レベルに影響を与える仮説の話なのか？」、それとも「個別具体的な施策レベルに影響を与える仮説の話なのか？」という「仮説の抽象度／具体度のレベル」も揃えやすくなる。

その結果、「何について」「どのレベルの」仮説の話をしているのか？を揃えやすくなるので、相手との情報共有やコミュニケーションがスムーズにできるようになるはずだ。

STEP5 「仮説」と「起こった現象」との間にある「因果関係」を検証する

「仮説の構造化」によって「起こった現象」に対する複数の仮説を導き出すことができたら、続いては「仮説」と「起こった現象」との間にある「因果関係」を検証するステップだ。

今、あなたは「粗利の減少」に悩まされていると仮定しよう。これをアブダクションに当てはめると「起こった現象＝粗利の減少」となる。

そして「粗利の減少」に対して「購入客数が減れば↓粗利は落ちる」という法則を当てはめれば、導かれる仮説は次の通りだ。

起こった現象：粗利の減少。
法則の当てはめ：購入客数が減れば↓粗利は減る。
導かれる仮説：よって、粗利が減少したのは、購入客数が減ったからに違いない。

さらに「客単価が下がれば↓粗利は落ちる」という法則を当てはめると、次の通りとなる。

起こった現象：粗利の減少。
法則の当てはめ：客単価が下がれば↓粗利は減る。
導かれる仮説：よって、粗利が減少したのは、客単価が下がったからに違いない。

しかし、これでもまだ足りない。なぜなら粗利は「売上－《マイナス》原価」であることから、原価面での仮説も必要になる。たとえば次の通りだ。

起こった現象：粗利の減少。
法則の当てはめ：原価が上がれば↓粗利は減る。
導かれる仮説：よって、粗利が減少したのは、原価が上がったからに違いない。

ここまで構造化して「購入客数」「客単価」「原価」を検証すれば、粗利が下がっている原因を特定できるはずだ。しかし、ビジネスの実務では「購入客数も客単価も落ちている」という現象は、往々にしてありうることだ。その際に有益なのは、原因と結果の「因果関係」を把握しておくことだ。

もし仮に、この例が次のような数値だったら、と仮定しよう。

過去
購入客数：２０００名
客単価：１０００円
原価：６００円／個

粗利：80万円

現在

購入客数：1800名（▲10％）

客単価：900円（▲10％）

原価：600円／個

粗利：54万円（▲32・5％）

つまり、購入客数と客単価の両方が低迷し、その結果として粗利が32・5％も落ち込んでいる状態だ。この状態を「粗利80万円」の状態に回復させるためには、あなたは「購入客数の増加」と「客単価の上昇」のどちらを優先させるべきだろうか？

この問いにあなたが答えるためには「購入客数の増加→粗利の増加」の因果関係や、「客単価の上昇→粗利の増加」の因果関係を把握していなければならない。

仮に「客単価の上昇」をあきらめ「購入客数の増加」を目指したとしよう。そうすると、客単価は下落後の900円のままなのだから、購入客数の増加で粗利80万円を目指さなくてはならない。その際に必要な購入客数は、計算していくと2667名（現在の約1・48倍）となる。

購入客数を増やして粗利80万円を達成する場合

購入客数：２６６７名（現在の約１・48倍）
客単価：９００円（固定）
原価：６００円／個
粗利：80万円

一方で「購入客数の増加」をあきらめ「客単価の上昇」を目指したとしたらどうなるだろうか？　こちらも計算していくと、必要な客単価は１０４５円（現在の１・16倍）だ。

客単価を向上させて粗利80万円を達成する場合

購入客数：１８００名（固定）
客単価：１０４５円（現在の約１・16倍）
原価：６００円／個
粗利：80万円

このように見ていくと、限りある経営資源を投入して「購入客数を１８００名から

[図17]
因果関係を検証する

「購入客数1,800名を2,667名（1.48倍）に増やす」より
「客単価900 円を1,045円（1.16倍）に向上させる」ほうが実現可能性が高い。

	売上の計算			原価の計算		粗利の計算
	顧客数	客単価	売上 顧客数×客単価	原価/個	原価 顧客数×原価	粗利 売上－原価
過去	2,000名	¥1,000	¥2,000,000	¥600	¥1,200,000	¥800,000
現在	1,800名	¥900	¥1,620,000	¥600	¥1,080,000	¥540,000

↓

①購入客数を増加させるケース	2,667名（1.48倍）	¥900	¥2,400,300	¥600	¥1,600,200	¥800,100
②客単価を向上させるケース	1,800名	¥1,045（1.16倍）	¥1,881,000	¥600	¥1,080,000	¥801,000

2667名（1・48倍）に増やす」のと「客単価を900円から1045円（1・16倍）に向上させる」のでは、後者のほうが、実現可能性が高いことがわかる（図17）。

アブダクションは「起こっている現象」をさまざまな法則や理論に当てはめ、構造化することで多くの仮説を生み出すことができる。

しかし仮説を生み出す目的が、意思決定やアクションに結びつけていくことである以上、現象と原因の間にある「因果関係の強さ」にまで踏み込んで考えていくことが極めて重要だ。

22

ビジネスにアブダクションを活かす方法

「アブダクションの頭の使い方の手順」が理解できたら、続いては「アブダクションをビジネスに活かす方法」について理解を深めよう。

アブダクションは「起こった現象に対して法則を当てはめ、起こった現象をうまく説明できる仮説を導き出す推論法」であることから、次のような局面と相性が良い。

- 問題の原因解明に活かす。
- トレンドの背景を捉えてビジネスに応用する。
- 他社の成功事例を自社に応用する。

以下、一つずつ解説していこう。

問題の原因解明に活かす

木は一つの幹からいくつかの枝にわかれ、さらに小枝が分岐して多数の葉や実をつけて、全体として一つの機能を果たしている。

これと同じように、世の中のほとんどの物事は数多くの要素が絡み合いながら、全体として一つの機能を果たしている。そして、一つの大きな問題は多くの小さな問題から成り立っていることが多い。

だとすれば、問題の根本原因を特定したり、あるいは問題を解決する際には、物事をツリー状に分解し、その結節点ごとに意味を考えていく手法が有効な場合が多い。

このように、問題をツリー状に分解し、ロジカルに原因や解決法を探す問題解決ツールが、前述した「ロジックツリー」だ。

問題が発生したら、まずは問題の発生箇所を特定しなければならない。そのときに活用するのがロジックツリーの中でも「What ツリー」と呼ばれるものだ。別名「要素分解ツリー」とも呼ばれる。

「What ツリー」とは、問題の発生箇所を特定することを目的に、問題を要素分解していくロジックツリーのことを指す。そして、適切な「What ツリー」を描き、問題の発生箇所を特定するには「アブダクション」が必要不可欠となる。

　このことを理解するために、例を交えて解説しよう。

　仮にあなたの会社が「会社全体の売上の減少」という問題に悩まされていたとしよう。しかし、あなたの会社には多くの事業部が存在し、扱っている商品も多岐にわたっている。一口に「会社全体の売上」といってもさまざまな事業部や商品が入り乱れて「全体の売上」が成立しているため、ただ全体を眺めているだけでは有効な示唆は得られない。

　問題の発生箇所を特定するなら、たとえば図18のようなWhatツリーになるはずだ。これは別の言い方をすれば「問題の発生箇所」の仮説が「構造化」されている状態ともいえる。

会社の売上の減少

- A事業部の売上が減少しているのか？
  - ☞商品Aの売上が減少しているのか？
  - ☞商品Bの売上が減少しているのか？
- B事業部の売上が減少しているのか？
  - ☞商品Cの売上が減少しているのか？
  - ☞商品Dの売上が減少しているのか？
- C事業部の売上が減少しているのか？

[図 18]
Whatツリーによる問題の発生箇所の特定

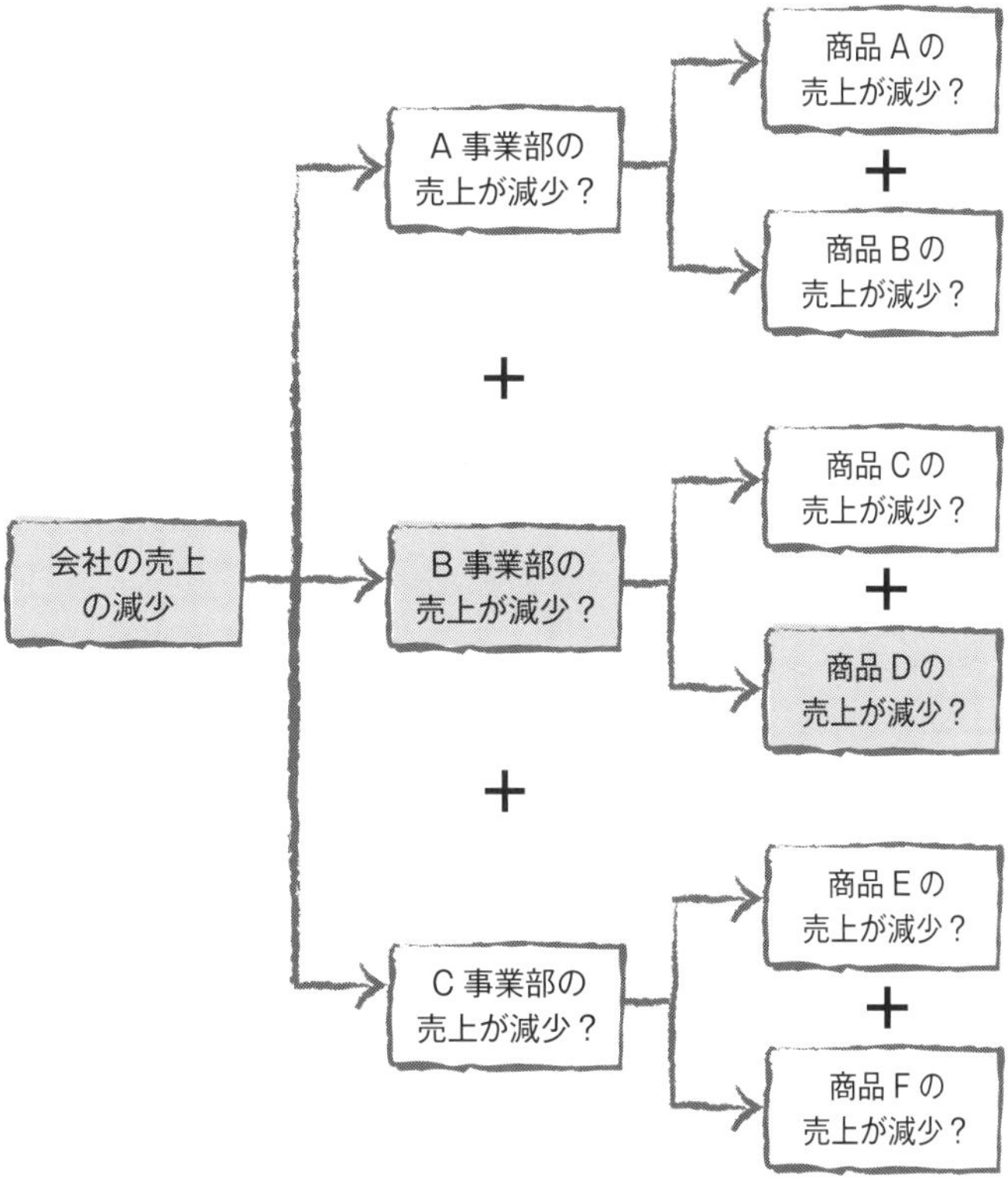

☞商品Eの売上が減少しているのか？
☞商品Fの売上が減少しているのか？

このWhatツリーを「アブダクション」という視点で捉えると、次のような推論プロセスを辿っていることがわかる。

会社全体→B事業部
起こった現象：会社全体の売上が減少している。
法則の当てはめ：B事業部の売上が減少すれば→会社全体の売上は減少する。
導かれる仮説：よって、会社全体の売上が減少しているのは、B事業部の売上が減少しているからだ。

B事業部→商品D
起こった現象：B事業部の売上が減少している。
法則の当てはめ：商品Dの売上が減少すれば→B事業部の売上は減少する。
導かれる仮説：よって、B事業部の売上が減少しているのは、商品Dの売上が減少しているからだ。

このようなアブダクションを、事業部別に「A事業部」「B事業部」「C事業部」に展開していき、さらに商品別に「商品A」から「商品F」まで展開していくことで初めて、先ほどのWhatツリーは完成することになる。

これは、Whatツリーという「型」と、アブダクションという「推論法」を掛け合わせることができれば「全体と部分の構図」を可視化し、問題の発生箇所を特定することが可能になることを意味している。

そして問題の発生箇所を特定した後は、問題発生の原因を特定していくことになる。その際に多用するのが「Whyツリー」だ。別名原因追及ツリーとも呼ばれる。

「Whyツリー」とは、問題の原因を明らかにすることを目的に、因果関係で分解していくロジックツリーのことを指す。

先ほどの例でいえば「商品Dの売上低下の原因」を「客数×客単価」「商談数×受注率」に分解して分析するのがWhyツリーだ（図19）。

このWhyツリーを、再度「アブダクション」という視点で捉えると、次のような推論プロセスを辿っていることがわかる。

[図 19]
Why ツリーによる問題の発生原因の特定

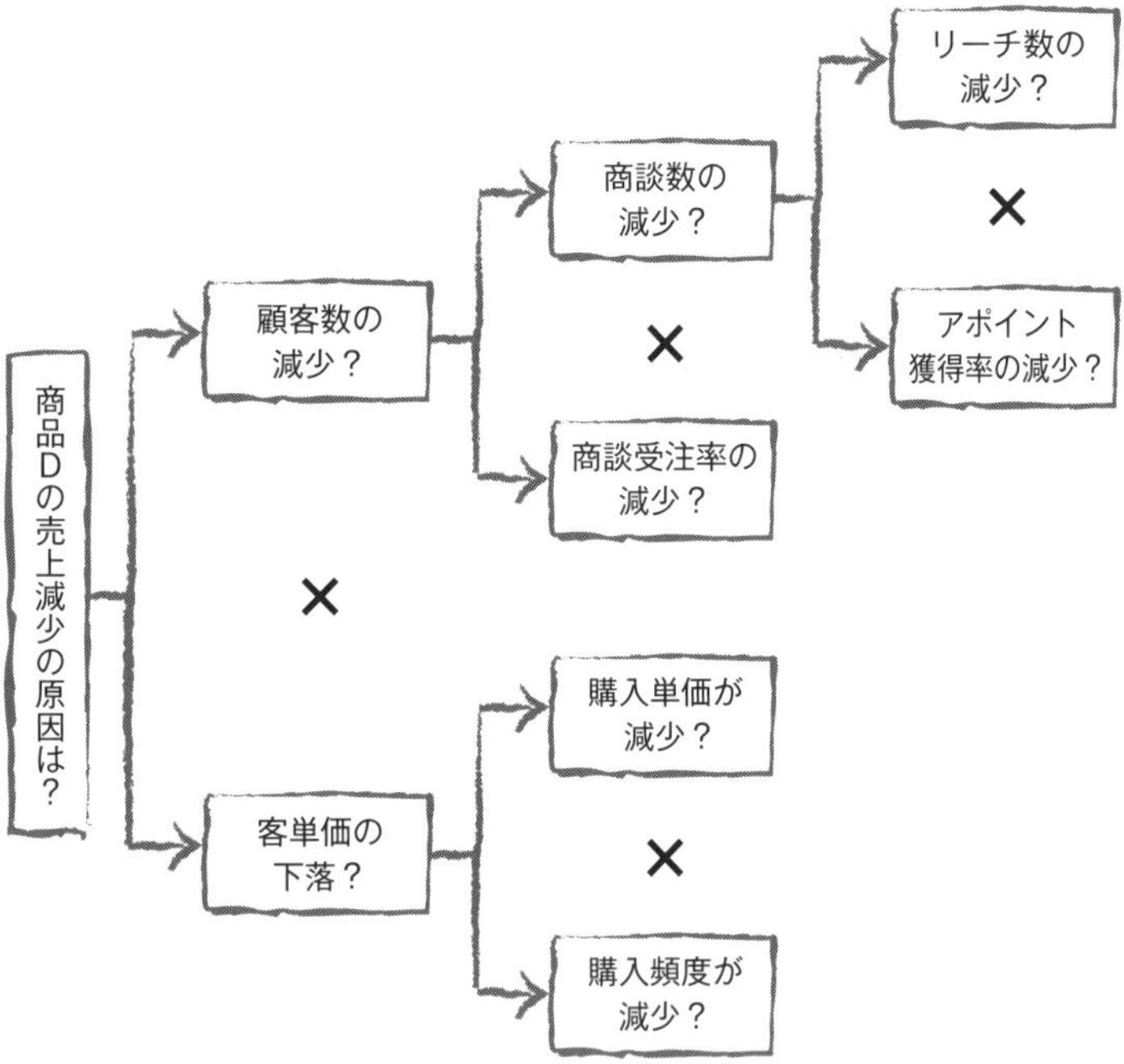

商品D→顧客数

起こった現象：商品Dの売上が減少している。

法則の当てはめ：商品Dの顧客数が減少すれば→商品Dの売上は減少する。

導かれる仮説：よって、商品Dの売上が減少しているのは、商品Dの顧客数が減少しているからだ。

顧客数→商談数

起こった現象：商品Dの顧客数が減少している。

法則の当てはめ：商品Dの商談数が減少すれば→商品Dの顧客数は減少する。

導かれる仮説：よって、商品Dの顧客数が減少しているのは、商品Dの商談数が減少しているからだ。

顧客数→商談受注率

起こった現象：商品Dの顧客数が減少している。

法則の当てはめ：商品Dの商談受注率が減少すれば→商品Dの顧客数は減少する。

導かれる仮説：よって、商品Dの顧客数が減少しているのは、商品Dの商談受注率が減少しているからだ。

このように、各構成要素に対してアブダクションを展開していくことで初めてWhyツリーは完成することになる。

これは、Whyツリーという「型」と、アブダクションという「推論法」を掛け合わせることができれば「結果と原因の構図」を可視化し、問題の原因を特定することが可能になることを意味している。

トレンドの背景を捉えてビジネスに応用する

検索エンジンを駆使すれば、表面的な方法や知識なら、素人でもいくらでも入手できる時代だ。

しかしあなたの周りで起こっていることをよく観察し、推論を働かせてみれば、現象として表に表れているものには、常にその背景になっている「原因」や「メカニズム」が存在することに気がつけるはずだ。

毎日TVやネットで流れてくるニュースは、それ自体は「現象」にすぎない。しかしその背景にはそれが起こった原因やメカニズムが存在する。

このように、現象には必ずそれらを引き起こす原因が存在するが、アブダクションをうまく利用すれば、それらの現象の原因を見抜き、あなたのビジネスに応用することが可能になる。

◆現象の原因を見抜く

たとえば、あなたがTV番組を見ていて、池上彰さんの番組が始まったとしよう。

池上彰さんの番組はどれも高視聴率で知られるが、それ自体は「表に表れた現象」に過ぎない。

しかし、もしあなたが「池上彰さんの番組は高視聴率だ」という事実をスルーせずに「なぜ池上彰さんの番組は高視聴率なのか?」という疑問を抱くことができれば、それがアブダクションのスタート地点となる。

「なぜ池上彰さんの番組は高視聴率なのか?」という疑問を抱くことができたら、続いてはその疑問に対して「法則を当てはめる」ことになる。しかしあなたの頭の中に「法則」がストックされていないと「法則の当てはめ」で躓《つまず》いてしまうことが多い。その場合は、いきなり法則を当てはめようとはせずに、まずは第二章で学んだ「洞察的帰納法」を間に挟むことが有効だ。

念のために復習すると、洞察的帰納法とは「洞察を通して共通点を発見する推論法」であり、あなたなりの「法則」を見いだす上で有効な推論法だ。

このことをすでに学んでいるあなたなら、「池上彰さんの番組」に関する「複数の事実」

を列挙し、抽象化や多面的な視点を駆使することで、以下のような共通点を発見できるはずだ。

事実①：池上彰さんの番組は、難しい時事やニュースでも「腹落ち感」をつくってくれる。

事実②：池上彰さんの番組は、客観的で主張や押し付けがない。

事実③：池上彰さんの番組は、政治家に対してタブーなく突っ込み、「自分たちの本音」を代弁してくれる。

共通点の発見：池上彰さんの番組に共通するのは「知的すっきり感」を感じることだ。

そして、「洞察的帰納法」から得られた「共通点」は、そのままアブダクションの「法則の当てはめ」へのインプットにすることができる。すると「池上彰さんの番組」に対するアブダクションの構造は次の通りとなる。

起こった現象：池上彰さんの番組は、高視聴率だ。

法則の当てはめ：知的すっきり感を感じれば→視聴率は上がる。

導かれる仮説：よって、池上彰さんの番組が高視聴率なのは、知的すっきり感を感じるからに違いない。

しかし「知的すっきり感を感じれば→視聴率は上がる」という「法則」に確からしさがなければ、導き出した仮説は思いつきでしかない。よって念のため、今度は第三章で学んだ「演繹法」を用いて「知的すっきり感を感じれば→視聴率は上がる」という「法則」の確からしさを検証しよう。たとえば次の通りだ。

法則の確からしさの検証①:「世界一受けたい授業」×演繹法

前提となるルール:知的すっきり感を感じれば→視聴率は上がる。

当てはめる物事:NTV系列の「世界一受けたい授業」は、知的すっきり感を感じさせる番組だ。

導かれる結論:よって「世界一受けたい授業」の視聴率は高いはずだ。

法則の確からしさの検証②:「林先生の初耳学」×演繹法

前提となるルール:知的すっきり感を感じれば→視聴率は上がる。

当てはめる物事:MBS系列の「林先生の初耳学」は、知的すっきり感を感じさせる番組だ。

導かれる結論:よって「林先生の初耳学」の視聴率は高いはずだ。

法則の確からしさの検証③:「ホンマでっか!? TV」×演繹法

前提となるルール: 知的すっきり感を感じれば↓視聴率は上がる。

当てはめる物事: TX系列の「ホンマでっか!? TV」は、知的すっきり感を感じさせる番組だ。

導かれる結論: よって「ホンマでっか!? TV」の視聴率は高いはずだ。

もし、この3つの演繹法が成立すれば「知的すっきり感を感じれば↓視聴率は上がる」という「法則」の確からしさは高いことになる。だとすれば、その法則から得られた仮説の確からしさも高いことになる。

そしてもし、あなたがメディア企業やメディアサイトの担当者だったら、今度は「知的すっきり感」を「自社のコンテンツに活かせないか?」を考え、応用することができる。

もしあなたが新聞社の記者なら、情報洪水に埋もれてしまう時事や速報ニュースだけでなく、「知的すっきり感をつくる解説記事」を充実させることができないだろうか?

あるいは、もしあなたがネットニュースの特集記事担当者なら、「新しさ」を追いかけるトレンド記事だけでなく「知的すっきり感をつくる特集記事」というコンテンツを充実させることができないだろうか?

このように、もしあなたがアブダクションを通して、その背景にある「法則」や「仮説」

を発見することができれば、アナロジーを駆使してそれらをまったく別分野に応用し、新たな価値を生み出すことが可能になるはずだ。

他社の成功事例を自社に応用する

ビジネスの世界には、ＫＦＳという言葉がある。

ＫＦＳとは「Key Factor for Success」の略語であり、ビジネスを成功させるためにキーとなる要因のことを指す。別名ＫＳＦ（Key Success Factor）あるいはＣＳＦ（Critical Success Factor）と呼ばれることもある。

アブダクションは「起こった現象に対する原因を推論する」という性質上、他の企業の成功事例（起こった現象）から成功要因（原因）を導き出す際にも有効だ。

たとえばあなたが書籍やインターネットを通して、「ハーレーダビッドソンの成功事例」に関する記事に触れたとしよう。

ハーレーダビッドソンはバイク市場において独自の地位を築いたことで知られるが、それ自体は「表に表れた現象」に過ぎない。もしあなたが「なぜ、ハーレーダビッドソンは独自の地位を確立できたのか？」という疑問を抱くことができれば、それがアブダクションのスタート地点となる。

しかし「なぜハーレーダビッドソンは独自の地位を確立できたのか？」という疑問に対して、いきなり「法則を当てはめる」ことは難しい。そこで先ほどと同様に「洞察的帰納法」を間に挟み、抽象化と多面的な視点を駆使して考えてみよう。

たとえば以下の通りだ。

事実①：バイク市場は「スクーター」が主流の中で、ハーレーダビッドソンは大型バイクである。

事実②：バイク市場は「低価格」「低燃費」が求められる中で、ハーレーダビッドソンは高価格である。

事実③：バイクは「生活の足」として利用される中で、ハーレーダビッドソンは趣味性の高いバイクである。

共通点の発見：ハーレーダビッドソンに共通するのは「常識の逆張り」を行っていることである。

そして「ハーレーダビッドソンに共通するのは、常識の逆張りを行っていることである」という共通点は、そのままアブダクションの「法則の当てはめ」へのインプットにすることができる。
たとえば以下の通りだ。

起こった現象：ハーレーダビッドソンは、独自の地位を築いている。
法則の当てはめ：常識の逆張りを行けば↓独自の地位を築ける。
導かれる仮説：よって、ハーレーダビッドソンが独自の地位を築けたのは、常識の逆張りを行ったからに違いない。

こちらも、念のため「演繹法」を用いて「常識の逆張りを行けば↓独自の地位を築ける」という「法則」の確からしさを検証しよう。たとえば次の通りだ。

法則の確からしさの検証①：「iPhone」×演繹法
前提となるルール：常識の逆張りを行けば↓独自の地位を築ける。
当てはめる物事：iPhoneは、これまで常識だった機能・性能競争の逆張りを行き、美しいデザインとユーザビリティで独自の地位を築いた。
導かれる結論：よってiPhoneが独自の地位を築けたのは、常識の逆張りを行ったからに違いない。

法則の確からしさの検証②：「ハーゲンダッツ」×演繹法

前提となるルール：常識の逆張りを行けば→独自の地位を築ける。

当てはめる物事：ハーゲンダッツは、これまで常識だった「アイスクリーム＝子供のおやつ」という常識を覆し「大人のデザート」として独自の地位を築いた。

導かれる結論：よってハーゲンダッツが独自の地位を築けたのは、常識の逆張りを行ったからに違いない。

法則の確からしさの検証③：「ユニクロ」×演繹法

前提となるルール：常識の逆張りを行けば→独自の地位を築ける。

当てはめる物事：ユニクロは、これまで常識だった「服＝自分を飾るもの」という常識を覆すことで「部品としての服」という独自の地位を築いた。

導かれる結論：よってユニクロが独自の地位を築けたのは、常識の逆張りを行ったからに違いない。

この3つの演繹法を見れば「常識の逆張りを行けば→独自の地位を築ける」という「法則」の確からしさは高いことがわかる。だとすれば、そこから得られる仮説もまた、確からしいことになる。

そしてもし、あなたが企業の事業開発、あるいは商品開発担当者だったら、今度は「常識の逆張りを行く」というＫＦＳを「自社の新規事業や新商品開発に活かせないか？」と考え、応用することができる。

このように、アブダクションは、さまざまな企業の成功事例に当てはめて考えることでＫＦＳを探り当て、あなたのビジネスに活かすことが可能だ。

23

アブダクションをトレーニングする方法

続いては、アブダクションのトレーニング方法について解説しよう。

こちらも、帰納法や演繹法のトレーニング方法と同様に、わざわざアブダクションのトレーニングのために時間をつくるのではなく、「今ある習慣の中にアブダクションを組み込む」方法だ。

日々の業務の中に組み込む　アブダクション・トレーニング①

アブダクションを身につけるには、いかに日々の仕事の中で「問題」を発見し、習慣化できるかがカギを握る。なぜなら、推論力を自由自在に操れるようになるには、基本技を繰り返し練習することがカギを握るからだ。

周りを見渡し注意を向ければ、あなたの職場にはさまざまな「問題」が潜んでいることに気がつけるはずだ。「職場に問題がある」こと自体は由々しきことだが、「アブダクションをトレーニングする」という視点で捉えれば、むしろ宝の山だ。

たとえば、働き方改革が叫ばれる昨今では「残業を減らさなきゃいけないのに、仕事が定時に終わらない」などは、どの職場でも見られる問題の「あるある」だろう。

このような問題を「なぜ仕事が定時に終わらないのか？」という疑問に変えることができれば、あなたはアブダクションをトレーニングするスタートラインに立ったことになる。

しかし「疑問を持った」だけでは、アブダクションのトレーニングにはならない。「疑問を持った」後に必要なのは、「法則の当てはめ」と「仮説を生み出す」ことだ。

もし仮に、あなたが職場を見渡してみて「業務量が多いと↓仕事は定時に終わらない」という「法則」に気がついたとしよう。すると、アブダクションは次の通りとなる。

起こった現象：仕事が定時に終わらない。
法則の当てはめ：業務量が多いと↓仕事は定時に終わらない。
導かれる仮説：よって、仕事が定時に終わらないのは、業務量が多いからだ。

しかし、仕事が定時で終わらないのは「業務量が多いから」だけとは限らない。「その他には？」と推論を巡らせたあなたは、「業務の納期が短ければ↓仕事が定時に終わらない」という法則に気がついたとしよう。すると、アブダクションは次の通りとなる。

起こった現象：仕事が定時に終わらない。
法則の当てはめ：業務の納期が短いと→仕事は定時に終わらない。
導かれる仮説：よって、仕事が定時に終わらないのは、業務の納期が短いからだ。

さらに「業務のスピードが遅ければ→仕事が定時に終わらない」という法則に気づくことができれば、

起こった現象：仕事が定時に終わらない。
法則の当てはめ：業務のスピードが遅ければ→仕事は定時に終わらない。
導かれる仮説：よって、仕事が定時に終わらないのは、業務のスピードが遅いからだ。

という仮説を立てることができる。ここまで考えれば、あなたは「仕事が定時に終わらない」という現象に対して、

- 業務量が多いからか？
- 業務の納期が短いからか？

・業務のスピードが遅いからか？

という3つの仮説を立てたことになる。この3つの仮説を「影響の大きさ」「発生頻度の高さ」を基準に検証していけば、「仕事が定時に終わらない」という現象に対する原因を突き止めることができる。

◆次の疑問へ

しかし、ここでアブダクションを終わらせてはいけない。仮に「仕事が定時に終わらない」という現象の原因が「業務のスピードが遅い」だったとしよう。ここであなたは「なぜ業務のスピードが遅いのか？」という次の疑問を持たなければならない。

「なぜ？」を追究したあなたは推論を巡らし、やがて「業務遂行能力が乏しければ→業務のスピードが遅くなる」という法則に気づいたとしよう。たとえば、まだ能力に乏しい新人が業務を遂行していたような場合は、業務のスピードが遅くなることはありうる。だとすれば、アブダクションは以下の通りとなる。

起こった現象：業務のスピードが遅い。
法則の当てはめ：業務遂行能力が乏しければ→業務のスピードは遅くなる。

導かれる仮説：よって、業務のスピードが遅いのは、業務遂行能力に乏しい人材が業務に当たっているからだ。

さらに、業務のスピードが遅いのは、業務遂行能力自体は高いが「業務の手戻りが多いから」という可能性もありうる。この場合、アブダクションは次のようになる。

起こった現象：業務のスピードが遅い。
法則の当てはめ：業務の手戻りが多ければ→業務のスピードは遅くなる。
導かれる仮説：よって、業務のスピードが遅いのは、手戻りが多いからだ。

このように「仕事が定時に終わらないのは、業務のスピードが遅いからだ」という結論で推論を止めずに、「業務のスピードが遅いのはなぜか？」を考えることができれば、より問題の真因に近づくことができる。そして、これらを「構造化」したのが図20だ。

日々の職場の中で起こる問題をここまで考えることができれば、あなたは数多くの「法則」を手にすることができる。今回あなたが手に入れた「法則」は次の通りだ。

- 「業務量が多ければ→仕事は定時に終わらない」という法則

[図 20]

「仕事が定時に終わらない」の構造化

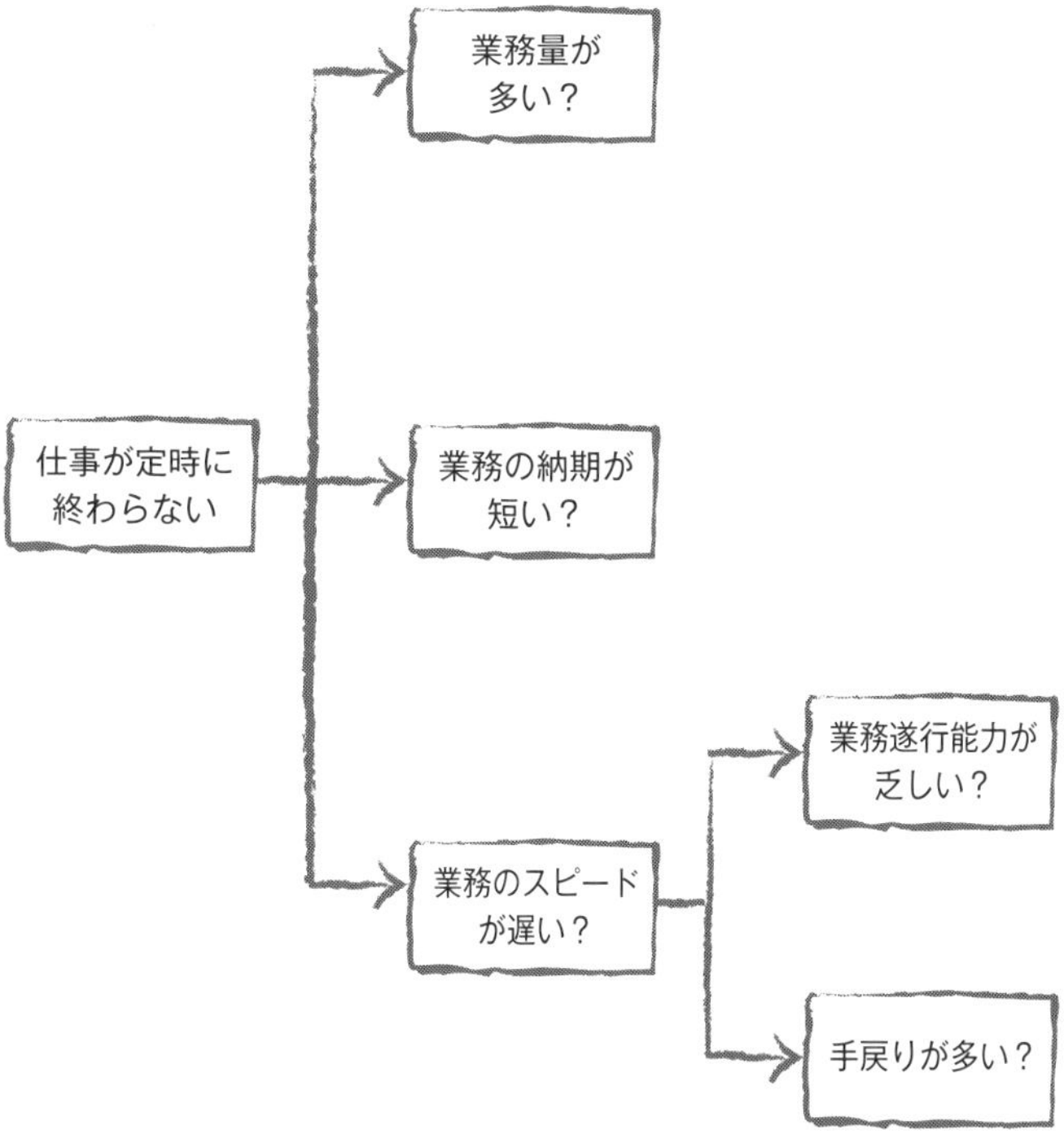
仕事が定時に終わらない
業務量が多い？
業務の納期が短い？
業務のスピードが遅い？
業務遂行能力が乏しい？
手戻りが多い？

● 「業務の納期が短ければ→仕事は定時に終わらない」という法則
● 「業務のスピードが遅ければ→仕事は定時に終わらない」という法則
● 「業務遂行能力が乏しければ→業務のスピードは遅くなる」という法則
● 「業務の手戻りが多ければ→業務のスピードは遅くなる」という法則

「仕事が定時に終わらない原因」は、今のその職場でしか活かせない固有のものだ。しかし、アブダクションから得られたさまざまな「法則」は、別の機会に別の場所でも応用が可能だ。つまりあなたはアブダクションを通して職場の問題の真因を突き止めただけでなく、「今後に活かせる財産」を手に入れたことになる。

別の機会に、あるいは別の場所で似たような問題が生じたときには、今度はうんうんと頭をひねることなく、これらの「法則」を当てはめることで素早く仮説を導き出すことができるはずだ。

また、より理解を深めるために、別の例も示しておこう。

「会議の時間が長い」

こちらもまた、どの職場でも見られる問題の「あるある」ではないだろうか？「会議が長い」という現象を「なぜ会議は長くなるのか？」という疑問に変えたとき、あなたはどのような「法則」を当てはめて考えられるだろうか？

まず初めに思いつくのは「目的が明確でない会議は↓長くなる」という「法則」だ。なぜなら目的が明確でないということは、会議の参加メンバーが「何のための会議なのか？」を理解していないことを意味するからだ。すると、参加メンバーは何を考えていいかがわからないまま口々に思いつきを発言し、その結果、話がまとまらず会議の時間は長引くことが想定される。

これをアブダクションに当てはめると、次の通りとなる。

起こった現象：会議の時間が長い。
法則の当てはめ：会議の目的が明確でないと↓会議の時間は長くなる。
導かれる仮説：よって、会議の時間が長いのは、会議の目的が明確でないからだ。

しかし、たとえ会議の目的が明確だったとしても、それ以外の理由で会議が長引いてしまうこともありうる。

たとえば、「会議のアジェンダが決まっていない」ケースだ。会議のアジェンダが決まっていないと、いわゆる「脱線」や「余談」が多くなり、会議の時間は長引いてしまう。これを、アブダクションに当てはめると次の通りとなる。

起こった現象：会議の時間が長い。
法則の当てはめ：会議のアジェンダが決まっていないと→会議の時間は長くなる。
導かれる仮説：よって、会議の時間が長いのは、会議のアジェンダが決まっていないからだ。

さらに「物事を決める判断基準が不明確であれば→会議の時間は長くなる」という法則に気づくことができれば、

起こった現象：会議の時間が長い。
法則の当てはめ：物事を決める判断基準が不明確であれば→会議の時間は長くなる。
導かれる仮説：よって、会議の時間が長いのは、物事を決める判断基準が不明確だからだ。

という仮説を立てることができる。ここまで考えれば、あなたは「会議の時間が長い」と

いう現象に対して、

- 目的が不明確だからか？
- 会議のアジェンダが決まっていないからか？
- 物事を決める判断基準が不明確だからか？

という3つの仮説を立てたことになる。しかし先ほどと同様に、ここでアブダクションを終わらせてはいけない。もし「会議の時間が長い」という現象の原因が「判断基準が不明確」だったとしたら、あなたは次に「なぜ判断基準が不明確なのか？」という疑問を持たなければならない。

さらに「なぜ？」を追究したあなたが、判断基準には次の2つが必要であることに気がついたとしよう。

判断基準に必要な要素

- 「何に照らして良し悪しを判断すべきなのか？」という判断項目
- 「それぞれの判断項目ごとに、どの水準を超えたら良いといえるのか？」という判断水準すると、アブダクションの公式は次の2通りとなる。

アブダクション①

起こった現象：なぜ判断基準が不明確なのか？

法則の当てはめ：判断項目が不明確であれば↓判断基準は不明確になる。

導かれる仮説：よって、判断基準が不明確なのは、判断項目が不明確だからだ。

アブダクション②

起こった現象：なぜ判断基準が不明確なのか？

法則の当てはめ：判断項目ごとの判断水準が不明確であれば↓判断基準は不明確になる。

導かれる仮説：よって、判断基準が不明確なのは、判断項目ごとの判断水準が不明確だからだ。

このように、アブダクションを「会議が長引くのは、物事を決める判断基準が不明確だからだ」という結論で終わらせずに「なぜ判断基準が不明確なのか？」を突き詰めて考えるこ

[図 21]

「会議の時間が長い」の構造化

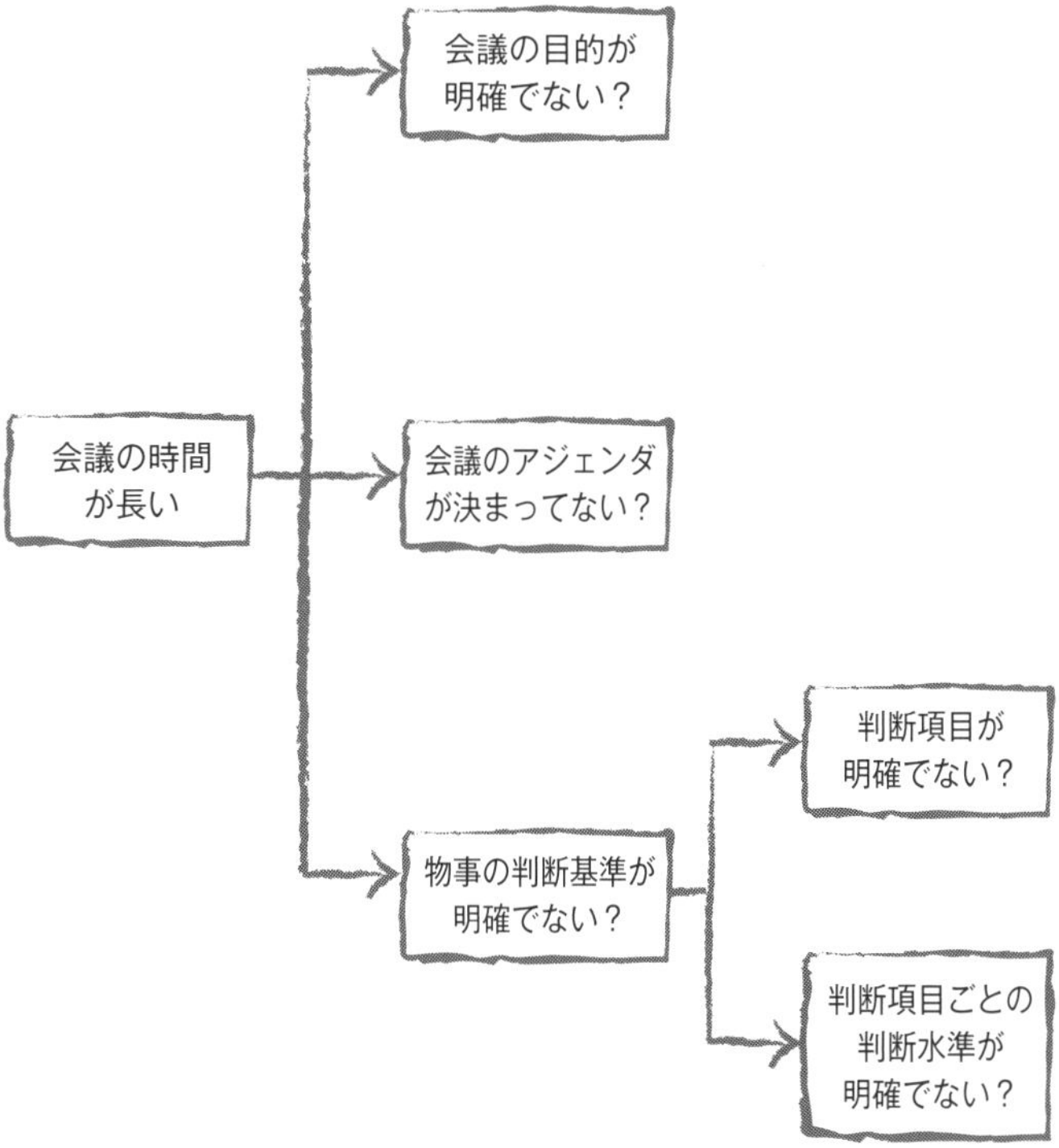

とができれば、あなたはより問題の本質に辿り着くことができる。そして、これらを「構造化」したのが図21だ。

「会議の時間が長い」という問題も、ここまで深く考えることができれば、あなたは数多くの「法則」を手にすることができる。たとえば次の通りだ。

- 「会議の目的が不明確であれば→会議の時間は長くなる」という法則
- 「会議のアジェンダが決まってなければ→会議の時間は長くなる」という法則
- 「物事の判断基準が不明確であれば→会議の時間は長くなる」という法則
- 「判断項目が不明確であれば→判断基準は不明確になる」という法則
- 「判断項目ごとの判断水準が不明確であれば→判断基準は不明確になる」という法則

こちらもまた、別の機会で、あるいは別の場所で似たような問題が生じたときには、あなたはこれらの「法則」を当てはめることで、素早く仮説を導き出すことができるはずだ。

世の中の事象に当てはめてみる

アブダクション・トレーニング②

アブダクションのトレーニング方法の2つ目は、世の中にあるさまざまな事象を、アブダクションに当てはめて考えてみることだ。

たとえば、たまたまあなたがTVを見ているときに、元テニスプレイヤーでタレントの松岡修造さんを目にしたとしよう。近年ではバラエティやドラマ、テニス解説に至るまで、さまざまなTV番組で見かける方であることは、すでにご存じのことだろう。

もちろん、ご覧になっているTV番組を楽しむことは大切だが、ここで「なぜ松岡修造さんは人気があるのか？」という疑問を持ってみよう。

アブダクションの次のステップは「法則の当てはめ」だが、もし適切な法則が思い浮かばないなら、まずは「洞察的帰納法」を活用して、抽象化や多面的な視点を駆使しながら、松岡修造さんの持ち味の共通点を探ってみよう。

事実①：松岡修造さんの持ち味は、熱血キャラで憎めないところである。
事実②：松岡修造さんの持ち味は、誠実で一生懸命なのに笑えるところである。
事実③：松岡修造さんの持ち味は、テニス解説が的確で、実はすごい人であることである。

共通点の発見：この3つの背景にある共通点は「生真面目なのにツッコミどころがあ

る」ことである。

すると、アブダクションによる推論プロセスは次のようになるはずだ。

起こった現象：なぜ松岡修造さんは人気があるのか？
法則の当てはめ：生真面目なのにツッコミどころがあるキャラは→人気が出る。
導かれる仮説：よって、松岡修造さんが人気があるのは、生真面目なのにツッコミどころがあるキャラだからだ。

すでにここまでお読みのあなたならお気づきだと思うが、このアブダクションから得られた仮説が正しいかどうかは「当てはめた法則が妥当かどうか」にかかっている。よって、今回も演繹法で「法則の妥当性」を検証してみよう。

滝沢カレンさん×演繹法
前提となるルール：生真面目なのにツッコミどころがあるキャラは→人気が出る。
当てはめる物事：滝沢カレンさんは、生真面目なのにツッコミどころがあるキャラだ。
導かれる結論：よって、滝沢カレンさんは人気が出る。

平野紫耀さん（キング&プリンス）×演繹法

前提となるルール：生真面目なのにツッコミどころがあるキャラは↓人気が出る。

当てはめる物事：キング&プリンスの平野紫耀さんは、生真面目なのにツッコミどころがあるキャラだ。

導かれる結論：よって、平野紫耀さんは人気が出る。

このように、アブダクションで得られた法則は、演繹法に当てはめてみることで「確からしさ」を検証することが可能だ。そして「生真面目なのにツッコミどころがあるキャラは↓人気が出る」という法則を手に入れたあなたは、この法則をさまざまな分野に応用できる。

たとえば、もしあなたが企業のブランディング担当者なら、企業のマスコットキャラクターの性格付けを「生真面目なのにツッコミどころがあるキャラ」に設定することで、人気のキャラクターに育てることができるかもしれない。あるいは、企業のＳＮＳ公式アカウントの性格付けを「生真面目なのにツッコミどころがあるキャラ」に設定することでフォロワーを増やしていくことができるかもしれない。

このように、世の中の事象に当てはめてアブダクションをトレーニングすることができれば、あなたはさまざまな「法則」を手に入れ、広い分野に応用することが可能になる。

第四章のまとめ　7つのポイント

1 アブダクションとは、「起こった現象」に対して「法則」を当てはめ、起こった現象をうまく説明できる仮説を導き出す推論法のことである。

2 「仮説思考」に必要な推論力が「アブダクション」である。

3 演繹法や帰納法にないアブダクションの大きなメリットは「仮説の可能性を広げることができる」ことである。

4 アブダクションで多様な仮説を立てられるかどうかは、ストックしている「法則の多さ」にかかっている。

5 アブダクションで仮説を考え「演繹法」で検証することができれば、再現性の高い「法則」を手に入れることができる。

6 アブダクションは構造化することで多くの仮説を生み出すことができる。

7 仮説を生み出す目的が、意思決定やアクションに結びつけていくことである以上、現象と原因の間にある「因果関係の強さ」にまで踏み込んで考えていくことが重要である。

第五章

成果を倍増させる「推論力の合わせ技」

24

「帰納法」と「演繹法」の合わせ技でビジネスの一貫性を保つ

推論力は、ビジネスに活かせなければ成果はゼロだ。そして、ビジネスに活かすためには「個々の推論法の頭の使い方を理解する」だけでなく「組み合わせて運用する頭の使い方」も身につける必要がある。

よって、第五章ではビジネス現場で「帰納法」「演繹法」「アブダクション」の合わせ技を使い倒す方法について詳しく解説しよう。

「帰納法」で策定した方針を元に「演繹法」で個別方針へ

ビジネスは、有限なリソースの中での選択と集中の繰り返しだ。そして常に「何を選択し」「何に集中するか」の決断を迫られる。その際に重要なのは、自社を取り巻く環境変化や置かれている状況など、広い視野から自社を眺めた上で「自社は、何にフォーカスすべきなのか?」を見いだすことだ。これをビジネスの世界では「方針」や「戦略」、あるいは「コンセプト」という。

一方で、いったん「方針」を決めたら、あらゆる施策はその「方針」のもとに一貫していなければならない。なぜなら「方針と施策が一貫していない」ということは、個々の施策の目的がバラバラになり、散発的なものになってしまうことを意味するからだ。これではそもそも方針を決めた意味自体がなくなってしまう。

このように自社を取り巻く環境から方針を策定し、かつ、方針と施策を一貫させたいときに有効なのが「帰納法と演繹法の合わせ技」だ。

◆帰納で組織の方針を決定

仮に、あなたが化粧品会社のマーケティング担当者だったとしよう。さまざまな市場調査やフィールドワークを経て、次のような事実に気がついたとする。

- 敏感肌用化粧品のパッケージは、薬の容器のようなシンプルなものが多い。
- 敏感肌用化粧品は、皮膚科学や皮膚の補修成分など機能性訴求が中心で、女性心をくすぐる華やかさがない。
- その結果、敏感肌に悩む女性は、普通の女性が当たり前にできる「女性らしい化粧品の楽しみ方」ができていない。

これらに気がついたあなたは「華やかさを感じる敏感肌用化粧品を発売すれば売れる」と感じたとする。

しかし、「あなたが感じた」だけでは思いつきの域を出ない。「華やかさを感じる敏感肌用化粧品」の発売を「組織の方針」とするためには、意思決定者に対して「これなら行ける！」と確信に至らせるロジックが必要であり、その際に有益なのが帰納法だ。

たとえば次のような要領だ。

事実① 市場・顧客の視点：多くの敏感肌の女性は「華やかさを感じる敏感肌用化粧品」を求めている。

事実② 競合の視点：「華やかさを感じる敏感肌用化粧品」には、強い競合が存在しない。

事実③ 自社の視点：「華やかさを感じる敏感肌用化粧品」は、自社の強みの技術が活かせる。

背景にある共通点：この3つの共通点は「華やかさを感じる敏感肌用化粧品」は魅力的な市場であることだ。

結論：よって「華やかさを感じる敏感肌用化粧品」を発売すれば、売れるはずだ。

鋭いあなたならお察しの通り、この例は3Cのフレームワークを通して客観的な事実を並べ、それらの事実を根拠に「華やかさを感じる敏感肌用化粧品は売れる」という結論を出している。

この結論は「3Cというフレームワークを通してMECEに検討していること」に加え、「複数の事実に裏付けられた結論であること」から、その説得力は高いはずだ。

このように、帰納法は「複数の事実を挙げ」「事実をもとに共通点を見いだし」「共通点を根拠に結論づける」という推論法であることから「複数の背景・環境変化」から「ビジネスの方針」を導き出す際に有益であることがおわかりいただけるはずだ。

◆演繹法で個別部門との方針を一致させる

しかし「方針」さえあれば、ビジネスがうまく回るとは限らない。ビジネス実務の現場では「方針」を決めた後も、さまざまな困難が待ち受ける。

なぜなら、「方針」は事業企画部門やマーケティング部門など、ビジネスプロセスの上流部門の主導で進むことが多いが、徐々に施策立案に局面が移ると「商品企画部門」「営業部門」「広告宣伝部門」など、多くの部門が絡むことが多くなるからだ。

結果、あなたが考えた「方針」は徐々にあなたの手から離れ、各部門の思惑や利害が複雑に絡み合いながら遠心力が働いていく。気がついてみたら、各部門では「方針とは一貫性のない施策が乱発されていた」などはビジネスの世界では「あるある」だ。

しかし先ほど解説したように、いったん「方針」を決めたら、あらゆる施策はその「方針」のもとに一貫していなければならない。その際に有効なのが「帰納法と演繹法の合わせ技」だ。

たとえば、あなたが経営陣から承認を受けた「華やかさを感じる敏感肌用化粧品を発売する」という方針を、個別部門の方針へと落としこみたいとしよう。演繹法に当てはめると、次のような要領になる。

商品企画部門×演繹法

前提となるルール（方針）：華やかさを感じる敏感肌用化粧品なら→売れる。

当てはめる物事：敏感肌の女性は、高級感がありフェミニンなパッケージに華やかさを感じる。

結論：よって、高級感がありフェミニンなパッケージなら売れる。

商品企画部門の方針：高級感とフェミニンさを感じさせるパッケージを開発する。

営業部門×演繹法

前提となるルール（方針）：華やかさを感じる敏感肌用化粧品なら→売れる。

[図 22]

「帰納法」と「演繹法」の合わせ技でビジネスの一貫性を保つ

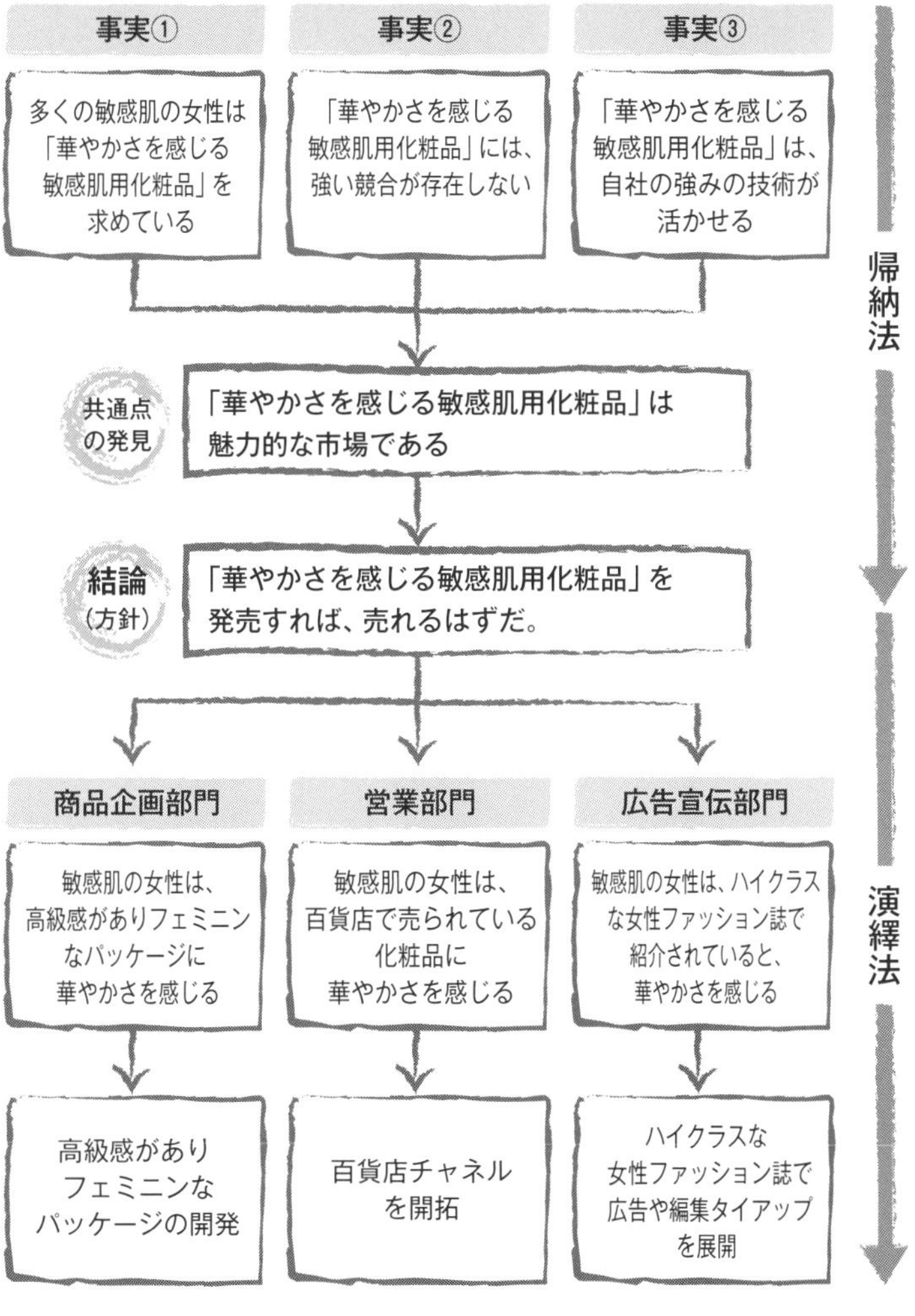

事実①
多くの敏感肌の女性は「華やかさを感じる敏感肌用化粧品」を求めている
事実②
「華やかさを感じる敏感肌用化粧品」には、強い競合が存在しない
事実③
「華やかさを感じる敏感肌用化粧品」は、自社の強みの技術が活かせる
帰納法
共通点の発見
「華やかさを感じる敏感肌用化粧品」は魅力的な市場である
結論（方針）
「華やかさを感じる敏感肌用化粧品」を発売すれば、売れるはずだ。
商品企画部門
敏感肌の女性は、高級感がありフェミニンなパッケージに華やかさを感じる
高級感がありフェミニンなパッケージの開発
営業部門
敏感肌の女性は、百貨店で売られている化粧品に華やかさを感じる
百貨店チャネルを開拓
広告宣伝部門
敏感肌の女性は、ハイクラスな女性ファッション誌で紹介されていると、華やかさを感じる
ハイクラスな女性ファッション誌で広告や編集タイアップを展開
演繹法

当てはめる物事：敏感肌の女性は、百貨店で売られている化粧品に華やかさを感じる。
結論：よって、百貨店で販売すれば売れる。
営業部門の方針：百貨店チャネルを開拓する。

広告宣伝部門×演繹法
前提となるルール（方針）：華やかさを感じる敏感肌用化粧品なら→売れる。
当てはめる物事：敏感肌の女性は、ハイクラスな女性ファッション誌で化粧品が紹介されているのを見ると、華やかさを感じる。
結論：よって、ハイクラスな女性ファッション誌で商品が紹介されれば売れる。
広告宣伝部門の方針：ハイクラスな女性ファッション誌で広告や編集タイアップを展開する。

このように「帰納法」で策定した方針を元に「演繹法」で個別方針へ落としこむことができれば、方針と施策に一本の筋が通り、ビジネスの一貫性は保ちやすくなる（図22）。
部門横断的な取り組みは、あなたが他部門の上司でない以上、職制上の権限で人を動かすことができない。よって、意志や情熱だけでなく「帰納法」と「演繹法」の合わせ技を駆使して、ビジネスの一貫性を守る武器にしよう。

25

「帰納法」と「演繹法」の合わせ技で提案力を身につける

数々の根拠を生み出す方法

「提案」と聞くと、つい「提案の内容」や「提案の方法」に目が向きがちだが、提案の最初のスタートラインは、相手が求めていることを正確に見抜くことだ。なぜなら「提案の相手が求めていること」を間違うと、その後の「提案の組み立て」はすべて間違ったものになるからだ。

その結果、いくら正しく物事を考えたとしても、そもそものスタート地点が間違っているため、提案もずれたものになる。

このことを理解するために、例を用いて解説しよう。

あなたは第二章の帰納法で解説した「カジュアルギフト市場への参入」（105ページ）のくだりを覚えているだろうか？　念のためおさらいをすると「自社はカジュアルギフト市場に参入すべき」という結論に至るまでの推論プロセスは、次の通りだ。

帰納法

事実① 市場の視点：カジュアルギフト市場は、年々拡大している。

事実② 競合の視点：カジュアルギフト市場に、強い競合は存在しない。

事実③ 自社の視点：カジュアルギフト市場は、自社のサービス上の強みが活かせる。

背景にある共通点：この3つの共通点は「カジュアルギフト市場は、自社にとって魅力的な市場である」ことだ。

結論：よって、自社は「カジュアルギフト市場」に参入すべきである。

しかし、この結論を持って経営陣に提案したとしても、あなたは「検討不十分」として差し戻しを受ける可能性がある。なぜなら次の2つには、論理の飛躍があるからだ。

背景にある共通点：カジュアルギフト市場は、自社にとって有望な市場である。

結論：自社は、カジュアルギフト市場に参入すべきである。

経営陣から見れば「カジュアルギフト市場は有望な市場である」という「事業面」の検討

だけでは、投資の意思決定はできない。なぜなら、投資はリターンのためにするものであり「投資に見合うリターンが見込める市場なのか？」という財務面での検討も必要不可欠になってくるからだ。その際に、大きな武器になってくれるのが「帰納法と演繹法の合わせ技」だ。たとえば、あなたの企業では、投資基準としてＩＲＲ（期待利回り）が５％以上に設定されていたと仮定しよう。するとあなたは、演繹法を使って以下のように「財務面」の提案をすることができる。

演繹法

前提となるルール：我が社の投資基準は→５％以上である。
当てはめる物事：カジュアルギフト市場に投資した場合の期待利回りは、８％である。
結論：よって、我が社の投資基準に対して、カジュアルギフト市場の期待利回りが上回るので、カジュアルギフト市場に投資すべきだ。

こうして「事業面の検討：帰納法」と「財務面の検討：演繹法」を組み合わせることができれば、あなたは経営陣が求めている「自社はカジュアルギフト市場に参入すべきかを検証してほしい」という期待に対して、適切な提案をすることができるようになる。

構造化すると、次の通りだ（図23）。

[図 23]

「帰納法」と「演繹法」の合わせ技で提案力を身につける

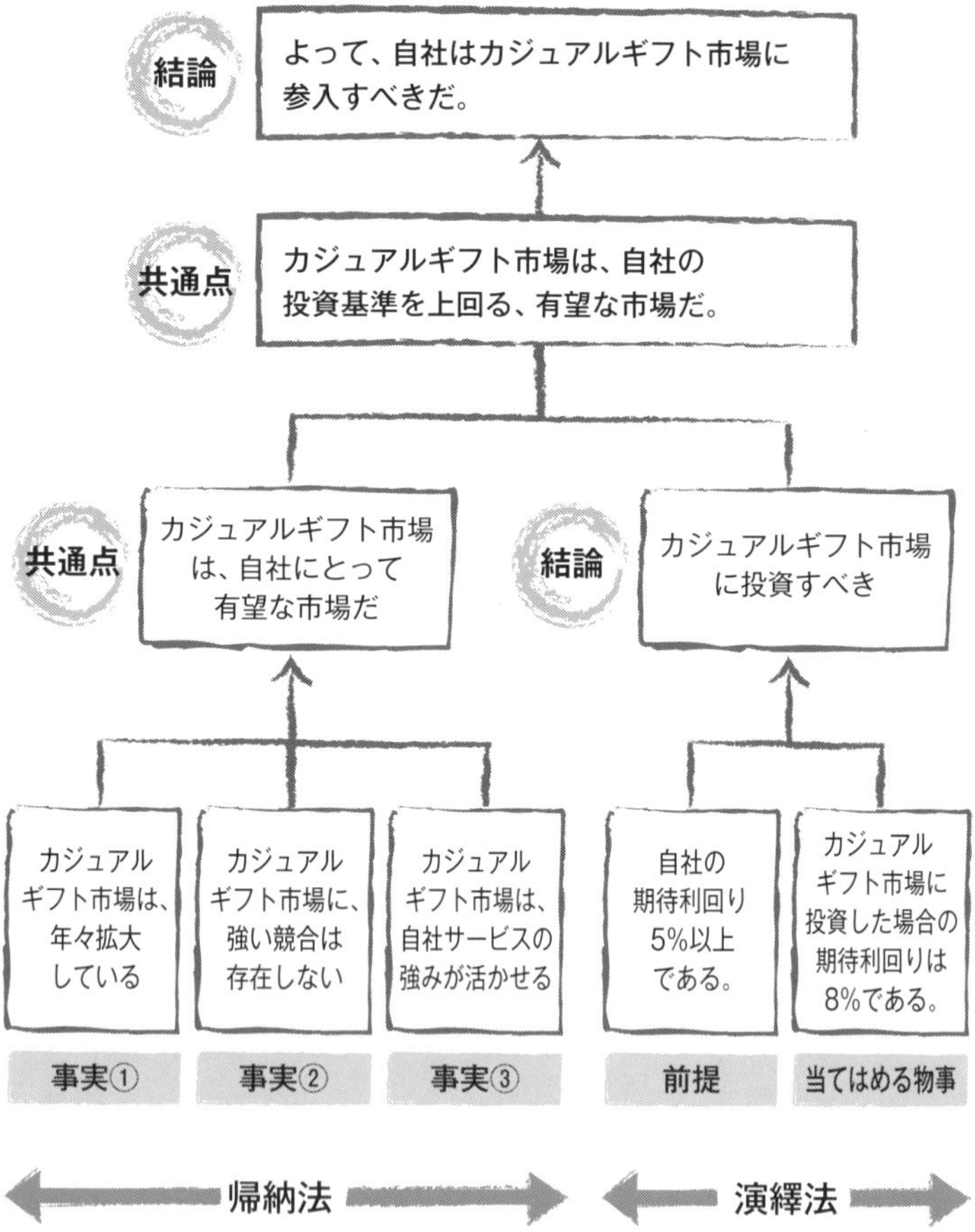
結論
よって、自社はカジュアルギフト市場に参入すべきだ。
共通点
カジュアルギフト市場は、自社の投資基準を上回る、有望な市場だ。
共通点
カジュアルギフト市場は、自社にとって有望な市場だ
結論
カジュアルギフト市場に投資すべき
カジュアルギフト市場は、年々拡大している
カジュアルギフト市場に、強い競合は存在しない
カジュアルギフト市場は、自社サービスの強みが活かせる
自社の期待利回り5%以上である。
カジュアルギフト市場に投資した場合の期待利回りは8%である。
事実①
事実②
事実③
前提
当てはめる物事
帰納法
演繹法

事業面での検討×帰納法

事実① 市場の視点：カジュアルギフト市場は、年々拡大している。
事実② 競合の視点：カジュアルギフト市場に、強い競合は存在しない。
事実③ 自社の視点：カジュアルギフト市場は、自社サービスの強みが活かせる。
背景にある共通点：カジュアルギフト市場は、自社にとって魅力的な市場だ。

財務面での検討×演繹法

前提となるルール：自社の投資基準は↓5%以上である。
当てはめる物事：カジュアルギフト市場に投資した場合の期待利回りは、8%である。
結論：よって、自社の投資の投資基準に対して、カジュアルギフト市場の期待利回りが上回るので、カジュアルギフト市場に投資すべきだ。

事業面×財務面×帰納法

事実① 事業面の検討：カジュアルギフト市場は、自社にとって有望な市場だ。
事実② 財務面の検討：カジュアルギフト市場への投資は、自社の投資基準を上回る。
共通点：カジュアルギフト市場は、自社の投資基準を上回る、有望な市場だ。

[図24]
ピラミッド構造

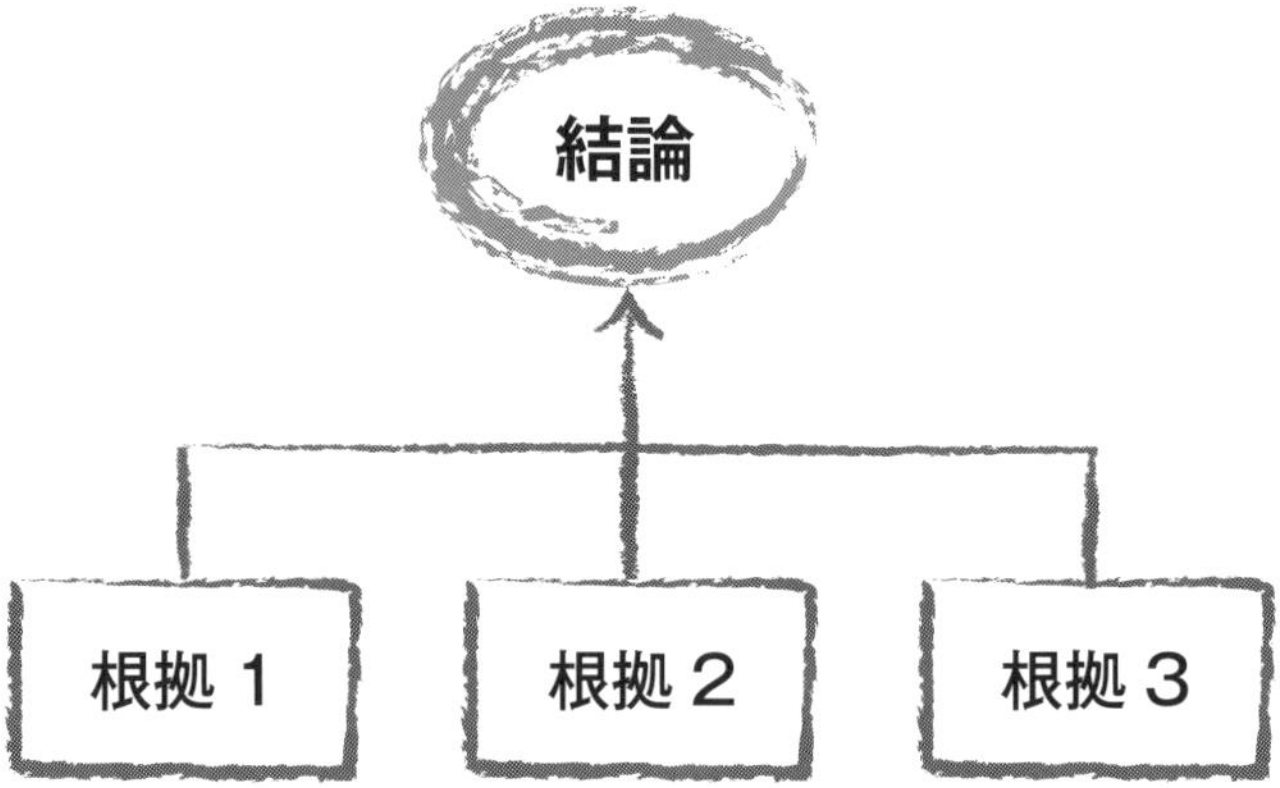

結論：よって、自社はカジュアルギフト市場に参入すべきだ。

◆ピラミッドストラクチャー

あなたがビジネスパーソンなら「ピラミッドストラクチャー」あるいは「ピラミッド原則」という言葉は、どこかで耳にしたことがあるはずだ。

ご存じない方に説明すると、ピラミッドストラクチャーとは、あなた自身が伝えたい「結論」と「その根拠」をピラミッド状に図式化するフレームワークだ。

ある結論が「論理的に正しい」ことを説明するためには、複数の根拠が必要になる。これを図で表現すると、結論を頂点として複数の根拠が下部に配置されることになるため、必然的にピラミッド構造になる。これが「ピラミッドストラクチャー」と呼ばれるゆえんだ（図24）。

ピラミッドストラクチャーをマスターするには「帰納法と演繹法を組み合わせる技術」は必要不可欠となる。なぜなら「結論とその根拠」の関係を明確にするには推論が必要であり、帰納法と演繹法は欠かせない要素となるからだ。

逆を言えば、もしあなたが「帰納法と演繹法の合わせ技」をマスターできれば、必然的にあなたの提案は説得力を持つようになるはずだ。

26

「アブダクション」「帰納法」「演繹法」の合わせ技で自分の成長を加速させる

新たな発見を生み出すループ

世の中に存在しているあらゆる物事は、必ず存在理由がある。そして、世の中に存在しているあらゆる物事は推論の対象であり、あなたを成長させる材料となる。

重要なのは、あなたがそのような視点を持ち、貪欲《どんよく》に学び取るための「方法論」を手に入れられるかどうかだ。

特に「アブダクション」「帰納法」「演繹法」の合わせ技は、気づきや疑問を通して「法則」や「仮説」を発見し、その発見が新たな気づきを生み出すループをつくりやすい。このため、いったんこの3つの合わせ技を覚えれば、あなたは飛躍的に成長することができる。

このことを、例を使って解説しよう。

近年では、社会価値を重要視する機運が高まっている。たとえば社会という視点で見れば

SDGs、投資の視点で見ればESG投資、経営の視点ではCSV、マーケティングの視点ではマーケティング3・0／4・0などが挙げられるだろう。

ここで、すでにアブダクションを学んでいるあなたなら、社会価値の機運拡大を受けて、「なぜ、そもそも世の中の社会価値重視の機運は高まるのか？」という疑問を持てるはずだ。

「疑問を持つ」とは、別の言い方をすればこれまでは当たり前だと考えてスルーしてきたことに対して「疑いを持つ」ことだ。そして「疑いを持つ」ということは、物事を深く掘り下げていく作業であり、いろんな角度からものを見ようとする作業でもある。

「なぜ、そもそも世の中の機運は高まるのか？」という疑問に対して「なぜ？」と疑いを持ったあなたが次にすべきは「法則の当てはめ」だ。いわば、現象の発生理由やメカニズムを客観的に説明できる「法則」を探す作業だ。

そしてもし、現象の発生原因をきちんと説明できないとすれば、これはあなたにとって成長のチャンスとなる。なぜならこの現象の背景には「あなたがこれまで知らなかった法則」が隠れており、その法則を「発見」できれば、あなたは新しい武器を手に入れることになるからだ。

このように「ほとんどの人が深く疑わない現象」を疑うことができれば、あなたは人より一歩早く成長できる。その際に必要なのが、これまでに何度か紹介した「洞察的帰納法」だ。「なぜ、世の中の機運は高まるのか？」について疑問を持った後は「新たな機運が高まった複数の事例」を集め、抽象化や多面的な視点を駆使しながら、その背景にある共通点（法則）を探してみよう。たとえば次の通りだ。

事実①：食の世界では、食育の機運が生まれている。
事実②：ビジネスの世界では、人間中心設計やデザイン思考重視の機運が生まれている。
事実③：ツイッターの世界では、起業やフリーランスの機運が高まっている。

背景にある共通点：この3つの共通点は、作用が反作用を生み出していることである。

食の世界では今、食育の機運が高まっている。その背景は、下ごしらえや味付けの手間を省き、時短で調理できる加工食品の普及だ。しかし、時短料理や加工食品の普及が、食や料理への関心の低下につながり、その反作用として「食育」に対する関心が高まっている。
また、ビジネスの世界では人間中心設計やデザイン思考重視の機運が高まっているが、こちらの場合は、ＡＩやビッグデータによる「データ最適化」に対する反作用と言える。いわば「さまざまな物事が人間的でなくなる」ことに対する危機感だ。
またツイッターにおける「起業・フリーランスの機運」も、その背景には「組織での働き方」に対するアンチテーゼがありそうだ。

こうしてみると、物事は大きく片方に作用すると、その危機感や反省、あるいは限界から反作用が生まれてくると考えることができる。

すると「社会価値の機運拡大」を起点としたアブダクションの公式は次の通りとなる。

起こった現象：社会価値を重視する機運が高まっているのはなぜか？

法則の当てはめ：作用は↓反作用を生む。

導かれる仮説：よって、社会価値を重視する機運は、何らかの機運の反作用だと考えられる。

ここでいう「何らかの機運の反作用」とは、リーマンショックなどで見られた「行き過ぎた資本主義への反省」だ。その後、反作用として「経済価値と社会価値の両立」の機運が生まれ、ブラック企業を批判する機運や、働き方改革の機運につながっていったことは、あなたもご存じの通りだ。

このように、アブダクションと洞察的帰納法を「合わせ技」で使いこなすことができれば、個々の現象にこだわっていては見えてこない、新たな「法則」や「仮説」の発見につなげていくことができる。

◆法則を得ることで予測力を上げる

さらに「アブダクション」や「洞察的帰納法」で得られた「法則」に対し、演繹法を加えることができれば、あなたは「予測する力」を手に入れることも可能だ。

今回の例であなたが手に入れた法則は「作用は↓反作用を生む」だ。これを、まったく異なる分野に当てはめて、演繹法で考えてみよう。たとえば次の通りだ。

法則×演繹法①

前提となるルール（法則）：作用は↓反作用を生む。

当てはめる物事：女性は、美しくあろうとする。

結論（予測）：よって、今後は美しさに縛られない価値観が生まれるはずだ。

法則×演繹法②

前提となるルール（法則）：作用は↓反作用を生む。

当てはめる物事：高齢化社会は、悪いことだとされる。

結論（予測）：よって、高齢化は良いことだとする機運が生まれるはずだ。

このように、一度あなたが「法則」を手に入れることができれば、さまざまな分野に「演繹法」に当てはめて考えることで、「原因に対する仮説」や「未来に対する仮説」を素早く生み出すことができるようになる。

「アブダクション」「帰納法」「演繹法」の合わせ技を通して「ああなれば→こうなる」という法則を数多く手に入れることができれば「法則の当てはめ」を通して多くの気づきを得ることができ、あなたに見える世界は格段に広がるはずだ。

また、世の中の現象に対して表面的な理解で留まってしまうと、「目に見えるもの」に振り回されてしまい、「何をすべきか」「どのようにすべきか」の判断軸がぶれる。しかし目に見える現象の背景に存在する「法則」を理解できていれば、さまざまな現象を「法則」に当てはめることで未来を予見し、自信を持って意思決定ができるようになるはずだ。

第五章のまとめ　7つのポイント

1 自社を取り巻く環境から方針を策定し、方針と施策を一貫させる際に有効なのが「帰納法と演繹法の合わせ技」である。

2 方針と施策を一貫させるには、全体方針の策定に帰納法を活用し、演繹法を使って個別方針に落とし込む頭の使い方が必要となる。

3 事業面と財務面の両面で提案する場合に有効なのが「帰納法と演繹法の合わせ技」である。

4 ピラミッドストラクチャーで「結論とその根拠」の関係を明確にするには、帰納法と演繹法は欠かせない要素となる。

5 「アブダクション」「帰納法」「演繹法」の合わせ技は、世の中に存在しているあらゆる物事を学びの対象に変える「方法論」である。

6 「アブダクション」「帰納法」「演繹法」の合わせ技は、気づきや疑問を通して「法則」や「仮説」を発見し、その発見が新たな気づきを生み出すループをつくることができる。

7 「アブダクション」「帰納法」「演繹法」を通して「ああなれば→こうなる」という法則を数多く手に入れることができれば「法則の当てはめ」を通して多くの気づきを得ることができ、あなたに見える世界は格段に広がる。

あとがき

未来をより幸せなものに変える力

「行動しない」ということは、自分を成長させる機会を見送っていることと同じだ。同時に、将来に向けて自らリスクの芽を育ててしまっているともいえる。そして決断を先送りすればするほど、将来に対する選択肢は少なくなり、得られるリターンも少なくなる。

そうである以上、もし本書を最後まで読み終えたら、決して先送りすることなく実践に移してみてほしい。

「安きにつくは世の習い」という言葉があるが、私たちは、えてして楽で安易なほうに流れやすい。時間をかけて身につけるスキルに対しては、つい「面倒だ」と目を背けがちだ。

しかし冒頭でも触れたが、人は「自分が考えられる範囲」だけが「自分に見えている世界のすべて」となる。だとすれば「思い込み」や「決めつけ」は、あなたを狭い世界に閉じ込めるのと同じだ。

日常では、常識が大手を振って歩いている。しかし常識は永遠に変わらないものではなく、人々が生活する上での、便宜上の約束事でしかない。常識は時代と共に変わるものだ。もしあなたが推論力を身につけることができれば、あなたに見えている範囲は格段に広がる。常識を疑い、新たな法則を手に入れ、いくつもの新しい仮説を立てられるようになる。これは、人よりも何倍もの人生を生きるのと同じだ。

推論力のトレーニングは、補助なし自転車の訓練にも似て、はじめはぎこちなかったり、何度も転んだりするはずだ。そのたびにあきらめたくなる気持ちになるかもしれないが、いったんコツをつかめば「なぜあのとき、自分はできなかったんだろう?」と不思議になるくらい、無意識に実践できるようになる。ぜひその瞬間が来るまで、推論力のトレーニングを続けてみてほしい。

そして、徐々に「トレーニング」を「習慣」に変えていくことができれば、あなたは数多くの法則を手に入れ、他の分野に当てはめることで、多くの仮説に気づけるようになる。推論を通して「見えない原因」を見極め「見えない将来」を見通すことができれば、これらがあなた自身の成長や自信につながっていくはずだ。

そして、ぜひそれらの習慣から得た学びを、多くの人たちと共有してほしい。「法則」や「仮説」の共有は、自分なりの推論を見える形に表現するため、嫌でも周りの評価が付いてくる。また「失敗」もありえるため、つい及び腰になりがちだ。

しかし、あなたがそんなマインドセットに陥っているなら「なぜ、推論力を身につけたいと思ったのか？」をもう一度振り返ってみよう。

「法則」や「仮説」は、ただ自分だけが理解して納得するものではない。あなたのアクションを通して、チームや組織の力に変えていけるものだ。

社会も、ビジネスも、そしてこれを読んでいるあなたも、常に未来に向けて進んでいる。

そんな「未来」をより幸せなものに変えていくために、身につけた推論力を活かし、さまざまな可能性を拓いていこう。


最後となったが、本書を出版するにあたっては、多くの方々に協力と支援を頂いた。

出版に際して多くの尽力をいただいた、株式会社朝日広告社の熊坂俊一執行役員、石井弘益局長。執筆に当たり、さまざまな助言と示唆を頂いた髙山英男局長。

執筆期間中にさまざまな励ましをくれた、株式会社朝日広告社ストラテジックプランニング部の水溜弥希氏、中野拓馬氏、梅野太輝氏、関口純平氏、バチボコの平松幹也氏。

休日の時間を執筆にあてることに協力してくれた、妻・友香、長男・温就、長女・のどか、次女・つぼみ。

その他、ご尽力いただいたすべての方々に、この場を借りて厚くお礼を申し上げたい。

なお、本書の内容はすべて筆者個人の見解であり、所属する組織を代表する意見ではないことを付け加えさせていただく。

参考文献

波頭亮『論理的思考のコアスキル』ちくま新書
渡辺パコ『頭がいい人の「論理思考」の磨き方』かんき出版
米盛裕二『アブダクション　仮説と発見の論理』勁草書房
山中英嗣『入社1年目で知っておきたい クリティカルシンキングの教科書』PHP研究所
名和高司『コンサルを超える　問題解決と価値創造の全技法』ディスカヴァー・トゥエンティワン
高田貴久『ロジカル・プレゼンテーション　自分の考えを効果的に伝える戦略コンサルタントの「提案の技術」』英治出版
高田貴久『問題解決　あらゆる課題を突破する ビジネスパーソン必須の仕事術』英治出版
内田和成『仮説思考　BCG流　問題発見・解決の発想法』東洋経済新報社
佐渡誠『「ゴール仮説」から始める問題解決アプローチ』すばる舎
安宅和人『イシューからはじめよ―知的生産の「シンプルな本質」』英治出版
後正武『意思決定のための「分析の技術」』ダイヤモンド社
泉本行志『3D思考　視点を立体的に動かす技術』ディスカヴァー・トゥエンティワン
苅谷剛彦『知的複眼思考法　誰でも持っている創造力のスイッチ』講談社

森博嗣『人間はいろいろな問題についてどう考えていけば良いのか』新潮社
細谷功『具体と抽象　世界が変わって見える知性のしくみ』dZERO
細谷功『アナロジー思考「構造」と「関係性」を見抜く』東洋経済新報社
安澤武郎『ひとつ上の思考力』クロスメディア・パブリッシング
白取春彦『「考える力」トレーニング　頭の中の整理法からアイデアの作り方』三笠書房
グロービス『グロービスMBAキーワード　図解　基本フレームワーク50』ダイヤモンド社

羽田康祐（はだこうすけ）　k_bird

株式会社朝日広告社ストラテジックプランニング部プランニングディレクター。産業能率大学院経営情報学研究科修了（MBA）。日本マーケティング協会マーケティングマスターコース修了。外資系コンサルティングファームなどを経て現職。「外資系コンサルティングファームで培ったロジック」と「広告代理店で培った発想力」のハイブリッド思考を武器に、メーカー・金融・小売り等、幅広い業種のクライアントを支援。マーケティングやブランディング・ビジネス思考をテーマにしたブログ「Mission Driven Brand」を運営。ハンドルネームはk_bird。

「Mission Driven Brand」　https://www.missiondrivenbrand.jp/

問題解決力を高める「推論」の技術

2020年1月21日　初版発行
2023年4月28日　7刷発行

著　者　羽田康祐　k_bird
発行者　太田 宏
発行所　フォレスト出版株式会社
〒162-0824
東京都新宿区揚場町2-18 白宝ビル7F
電　話　03-5229-5750（営業）
　　　　03-5229-5757（編集）
URL　http://www.forestpub.co.jp

印刷・製本　中央精版印刷株式会社

ISBN978-4-86680-061-5　Printed in Japan